* * *

본문 중, '안 팔리는 물건은 없다. 단지 못 파는 세일즈맨만 있을 뿐이다.'라는 문구는 지금도 내 수첩 맨 앞에 적혀 있다. — **오종철 · 소통테이너**

청년들에게 삶에 희망을 주고 귀감을 줄 수 있다. 만약 내가 젊고 힘들었을 때 이 책을 읽었다면 나는 지금쯤 더 큰 도약을 했을 것 같다.

— **송상민 · 세종대 학점은행대학 디지털콘텐츠학과 학과장**

스스로 초보가 프로가 되는 노하우를 보여주고 있다. 이 책을 읽는 사람이 더 많아 질수록 더 많은 프로 세일즈맨들이 탄생할 것이다. 초보도 프로 세일즈로 만드는 유일한 책!

— **김기현 · insteps 대표**

오랜 기간 마케팅과 영업 서적을 읽어봤지만 그 중에서도 가장 흥미롭게 읽은 책이다. 이 책은 많은 영업인들에게 필요하지만 그들이 쉽게 얻지 못했던 내용들을 압축적으로 담아 내었다. — **정영민 · 트렌드헌터 운영자**

심현수 회장은 여러 가지 방법을 하나하나 스스로 실천해 보고 실패와 성공을 거듭하여 지금의 성공을 이루어 냈다. 이 책으로 심현수 회장의 성공을 있게 해준 지난 과거를 생생하게 들여다 볼 수 있다. 많은 분들이 이 책을 통해 또 하나의 성공의 시나리오를 만들어 나가길 기원한다. — **황준석 · 연금형 부동산 연구소 소장**

오랜 시간 동안 한국영업인협회 회장님과 같이해왔지만 만나뵐 때 마다 항상 특별한 느낌을 받는다는 공유해 보고 싶었다. 이 책을 통해 많은 분들이 성공의 기운을 얻어 모든 사업자와 영업자들의 꿈을 키우는 지침서가 되길 기원한다. — **노태경 · 비엔엠대표**

*　*　*

현직의 다방면 노하우와 성공비법을 적절하게 담은 내용이 압축된 비법서이다. 영업하는 분이라면 인생을 바꿔놓을 만한 고객이 나를 찾게 만드는 기적의 노하우에 대한 영감이 마구 떠오를 것이다. **— 임희정 · 임희정의 아줌마 다이어트 대표**

이 책은 저자가 현장을 뛰며 느꼈던 그의 인생과 열정 그리고 임팩트한 영업방법 등이 고스란히 묻어 있다. 향후 영업인들의 지침서로 백 년 간 활용될 것이라 믿어 의심치 않는다.
— 고영창 · 《10억짜리 홍보비법》 저자

방황하는 시기에 늘 나를 일깨워주는 심현수 회장님의 책은 영업인들뿐만 아니라 방황하는 젊은이들에게 전하는 깊은 울림이다!
— 이주열 · 〈20대 사장 만들기 클럽〉 부 운영자, 우노미디오 대표

남들은 자신의 힘으로 성공하기도 힘든데, 심 회장님은 자신도 아닌 다른 사람을 성공시키는 데 재주가 있다. 책에서는 이런 사람의 이야기 나와 있다. 이 책을 읽으면, 다른 사람까지는 아니지만, 자신은 성공하는 비법을 알 수 있지 않을까? 성공하고 싶다면, 읽어라!
— 강형욱 · 보듬애견행동클리닉 소장

세상에 나의 꿈을 소리치다

세상에 나의 꿈을 소리치다

명문대를 포기하고 세일즈로 꿈을 이룬 심현수식 성공기

심현수 지음

나비의 활주로

'항상감사, 절대긍정, 오직초심, 뚝심일관'으로
꿈을 향해 나아가라

'국가대표 세일즈 멘토가 되고 싶다'는 열망을 품고 있던 나는 어느 새 〈사단법인 한국영업인협회〉의 회장이 되어 심현수식 개척비법을 전파하는 세일즈 강사가 되었다. 13전 14기, 10여 년간의 세일즈 인 생에서 이루어낸 값진 성과이다.

세일즈 멘토의 자리에 오르기까지 나는 다양한 아이템을 다양한 장 소에서 다양한 방법으로 판매하며 짧은 시간 안에 세일즈의 본질을 파 악하려고 노력했다. 점심값 한 끼 정도의 매출을 올렸던 적도 있었고, 월 1억의 매출을 올리며 조직을 운영하던 때도 있었다. 성공한 이유와 실패한 이유를 면밀히 분석하고 같은 실수를 반복하지 않으려 노력하 며, 성공할 수밖에 없는 세일즈 기법을 끊임없이 연구한 결과 지금의 자리에 오를 수 있었다.

요즘도 여전히 청년들에게 꿈과 열정보다는 포기와 순응을 가르친다. 학문의 상아탑이라 불렸던 대학은 어느 새 취업을 위한 하나의 관문으로 둔갑했고, 오늘도 이 시대의 수많은 청춘들은 토익 점수와 학점에 목메고 있다. 한 해 50만 명이 창업하고 거의 그 만큼이 폐업한다. 나의 이야기가 여전히 누군가에게 꿈과 열정을 줄 수 있다는 사실이 고마우면서도 한편으로는 안타까운 것이 솔직한 심정이다.

심현수식 개척 비법은 영업인을 위해 고안한 프로세스이지만 실은 앞으로 얻을 수 있는 무한한 능력과 부를 위해 치열하게 살아가는 젊은이들에게도 통용된다. 심현수식 개척 비법을 한 마디로 표현하자면 〈10+10=20의 +를 ×로 바꿔보자〉로 이야기할 수 있다. 더하기에서 곱하기로 조금 각도를 틀었을 뿐인데 결과는 다섯 배나 차이난다. 남들과 같은 방식으로 노력해서 남들보다 나은 결과를 내기 위해서는 투입해야 하는 자원이 늘어난다. 하지만 방식을 바꾸면 남들과 같은 자원을 투입해도 더 나은 결과를 얻을 수 있다.

처음으로 영업 전선에 뛰어들었던 토익시험장의 연필이나 콘서트장의 야광봉, 경기장의 물과 음료수 판매부터 면생리대 판매까지 내가 남들보다 더 나은 성과를 얻을 수 있었던 이유는 한계에 부딪혔을 때 포기하지 않고 사고의 전환, 판매 방식의 변화를 통해 계속 도전했기 때문이다.

심현수식 개척 비법에서 강조하는 또 하나는 '목표와 방향을 설정하고 전진하라'는 것이다. 한 해 농사를 짓는다고 한다면, 겨울에는 어떤 작물을 얼마나 넓은 땅에서 재배할 것인지 계획한 후 봄에는 씨앗을 뿌릴 것이고 여름에는 노력으로 열심히 물과 거름을 주어 농작물을 키워 가을에 풍성한 수확물을 거두어들일 것이다. 농사는 기다리고 노력하면 수확이 있을 것이라는 것을 누구나 알고 있기 때문에 계절마다, 과정마다 필요한 일을 수행할 수 있다. 하지만 인생 농사에서는 어떠한가? 평생의 기간 동안 짓는 농사가 풍작일지 흉작일지를 가늠하기도 어렵고, 이 길이 맞는지 아닌지도 확실치 않다. 그러다보니 처음 계획했던 목표를 이루지 못한 채 중도에 포기하기도 하고 목표를 이리저리 수정하기도 한다. 한여름 비료와 물을 주고 잡초를 뽑아주어야 할 때에 농사일을 내버리는 일, 혹은 중도에 땅을 갈아 엎고 다른 씨를 뿌리는 일을 한 해 농사와 비견할 수 없이 중요한 인생 농사에서 자행하고 있는 것이다.

'성공'을 입에 담기 위해 필요한 것은 결국 어떤 목표를 가지고 어떻게 살아가는지도 중요하지만 초심을 잃지 않고 꾸준히 나아가는 것이 필요하다. 거북이가 서울에서 부산까지 가겠다는 목표를 세우고 남쪽으로 내려가면 느리더라도 언젠가는 도달할 수 있을 것이다. 하지만 거북이보다 훨씬 빠른 토끼라 해도 목적지가 명확하지 않다면 정처 없이 전국을 헤맬 뿐 부산이라는 목적지에 도달할 수 없다. 이처럼 인생에서 목표를 이루고 성공을 쟁취하기 위해서는 뚝심을 갖고 전진하는 자세, 초심을 잃지 않고 한길로 정진하는 자세가 필요하다.

인생의 목적지로 가는 과정에는 예상치 못한 높은 산이 있을 수도 있고 생각보다 깊은 강을 만날 수도 있을 것이다. 이런 여러 가지 변수를 극복하기 위해서는 항상 감사하는 마음을 갖고 내 발을 거는 돌부리를 만나 넘어졌다고 포기할 것이 아니라 그 돌부리를 나의 디딤돌로 여겨 앞으로 나아가는 자세가 필요하다. 난관을 긍정적으로 바라보고 적극적으로 대처하다보면 거기에서 또 다른 기회가 온다.

항상감사, 절대긍정, 오직초심, 뚝심일관

이 네 가지의 마음을 가지고 앞으로 나아가다 보면 언젠가는 목적지에 성공적으로 도착할 수 있을 것이다. 꿈을 잘게 쪼개면 목표가 되고, 그 목표를 잘게 쪼개어 하루하루 이루어 나가다 보면 멀게만 보였던 여러분의 꿈은 어느 새 실현되어 있을 것이다. 흔들리고 방황하기 쉬운 여러분의 인생에 자신만의 나침반을 꼭 세워 꿈을 이루기 바란다.

심현수

Part 2

•

준비된 열정으로 꿈을 이뤄라

Part 3

●

세일즈에 영혼을 담아라

Part 4

•

실패를 바탕으로 성공하라

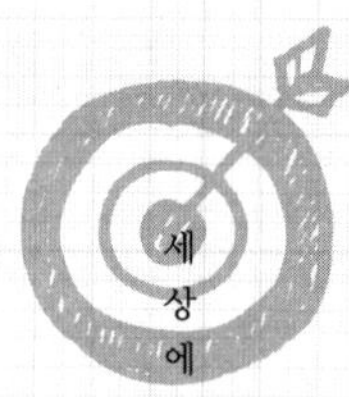

세상에 나의 꿈을 소리치다

Part 1

꿈을 품고 그리며 간절히 열망하라

평생직장은 없다
평생직업을 찾아라

"앞으로 수십 년만 지나면 평균수명은 150살로 늘어날 것이다."

기쁘고 흐뭇해야 할 이 말에 섬뜩함이 먼저 느껴지는 것은 어떤 이유에서일까?

내용의 진위 여부를 떠나서 그 파격적인 말 자체는 우리에게 미래에 대한 고민을 안겨 주기에 충분하다. 건강과 풍족함을 누리며 행복하게 산다면야 오래 사는 것은 분명 축복이다. 하지만 주위를 둘러보라. 복 받은 노년을 보내는 사람이 몇 명이나 될까? OECD 국가 중 65세 이상 고령 인구의 소득 빈곤율이 가장 높은 나라가 바로 우리나라라는 현실을 생각할 때 늘어난 수명은 큰 부담이 아닐 수 없다.

평균수명을 85세라고 예상한다고 해도 우리는 앞으로 족히 50~60

년을 더 살아야 한다. 공무원, 대기업 샐러리맨으로 근무하면서 정말 운이 좋고 실력이 뛰어나 정년에 퇴임을 한다 가정해도 20년 이상을 소득 없이 살아야 하는 것이다. 본격적으로 의료비 지출이 예상되는 그 시점에 이렇다 할 소득 없이 살아간다는 것은 생각만 해도 서글프기 짝이 없는 노릇이다.

'자식들이 우리의 노후를 책임져 주지 않을까? 게다가 국민연금도 나올테고.'

아직도 이런 낭만적인 생각을 하고 있지는 않은가? 물가상승률까지 계산한다면 국민연금은 그야말로 용돈 정도에 불과할 것이다. 게다가 제 한 몸 건사하기도 힘든 현실에서 부모의 생계까지 책임질 효자는 드물다.

오늘은 어제가 낳은 결과라고 한다. 그렇다면 내일은 오늘이 낳은 결과일 것이다. 결국 내일을 변화시키기 위해서는 나의 오늘을 변화시켜야 한다. 한 살이라고 더 젊은 지금, 더 많이 준비하고 비축하며 한 살이라도 더 오래 일할 수 있는 직업을 선택해야 한다. 더군다나 평생 직장의 개념이 사라져 가는 요즘, 직장은 없고 직업만 남는다고 하니 더더욱 직업 선택에 신중해야 한다.

잘할 수 있는 것, 즐겁게 가슴 뛰면서 할 수 있는 것, 오래도록 할 수 있는 것, 열심히 할수록 더 큰 성과를 얻을 수 있는 것이 직업 선택의 기준이 되어야 한다. 사람에 따라 선택이야 제각각이겠지만 내게는 '세일즈'가 바로 그런 것이다! 단돈 4백 원짜리 연필을 팔아도, 수억 원짜리 요트를 팔아도 사람과 사람이 만나 설득하고 공감하며, 가슴을 열지 않으면 불가능한 것이 세일즈이기 때문이다. 그래서 세일즈는 고객에 대한 끝없는 프러포즈인 동시에 나 자신에 대한 가슴 뛰는 도전이기도 하다.

여자를 알면 사업이 보인다

남자가 생리대를 판다. 그것도 멀쩡하다 못해 잘 생기기까지 한 총각이! 모두가 의아해 하는 이 일에 과감하게 도전장을 내민 사람이 바로 나, 심현수다.

아무리 세상이 변했다지만 생리대는 남녀를 불문하고 여전히 만망하고 쑥스러운 물건이다. 동네 슈퍼마켓을 지척에 두고도 굳이 여자 주인을 찾아 길 건너까지 가는 것만 보아도 남자와 생리대는 멀면 멀수록 좋은 것이 아니던가. 그 때문인지 처음 면 생리대 판매 사업을 시작할 때 친한 친구들조차 "왜 하필이면 생리대를 파냐? 너 변태냐?"라며 어이없어 했다. 하지만 나는 절대 기죽지 않았다. 오히려 당당하고 자신 있는 목소리로 대답했다. "세상의 모든 여자들을 위해서!"라고.

2006년 겨울, 나는 여자 친구를 위해 아니 세상의 모든 여성들을 위해 면 생리대를 판매하기 시작했다. 생리통으로 힘들어 하던 여자 친구를 위해 도움을 줄 방법을 찾던 중, 창업 클럽에서 알게 된 한 친구가 면 생리대 사업을 한다는 소식을 들었다. 반신반의하던 내게 그 친구는 면 생리대 한 세트를 선물해 주었고, 고마운 마음에 나는 그 친구를 도와 길거리 홍보 지원에 나섰다.

"생리통 완화에 도움이 되는 면 생리대입니다. 화학흡수제와 방부제 덩어리인 일회용 생리대와는 달리 천연 면 소재를 사용해….''

세일즈에 있어서만큼은 프로페셔널하다고 자신하던 나였지만 길거리에서 면 생리대를 홍보한다는 것을 쉽지 않은 일이었다. 쑥스러운 마음을 진정시키며 차근차근 제품 설명에 들어가자 예상 외로 많은 여성들이 큰 관심을 보이며 내 설명에 귀 기울여 주었다. 그리고 즉석에서 구매로 이어지기도 했다. 그런데 일회용 생리대의 몇 십 배에 해당하는 가격에도 불구하고 구매를 망설이지 않는 이유가 생리통 완화에 대한 절박함 때문이라는 사실을 알고는 놀라지 않을 수 없었다.

'고객의 고통도 덜고, 돈도 벌고.'

당시 새로운 판매 아이템을 궁리하고 있던 나는 면 생리대의 가능성을 타진해 보았다. 휴대하기에 가볍고 경쟁자가 적으면서 재고관리에 신경이 덜 쓰이고, 게다가 고객의 고통까지 덜어줄 수 있는 좋은 아이템이라는 확신이 들었다. 게다가 면 생리대의 효능을 확인한 여자 친구의 생생한 증언까지 더해져 나의 확신은 더욱 강해졌다.

그런데 이러한 나의 확신에도 불구하고 주위 사람들은 고개를 가로 저었다. 아무리 제품이 좋아도 사용한 생리대를 일일이 빨아야하는 번거로움은 여전히 큰 장벽으로 남아 있었던 것이다. 나는 먼저 나를 설득하기로 했다. 아무리 귀찮고 번거로워도 살 수 밖에 없는 이유, 꼭 사야하는 이유를 찾아내기로 한 것이다.

나는 주위 사람들의 인터뷰나 자료들을 통해 생리통의 고통을 먼저 공감해 보기로 했다. 대부분의 여성들은 생리통을 경험한다. 통증이 심한 사람들은 허리가 끊어질 듯 아프기도 하고, 아랫배가 똘똘 뭉쳐 얼얼하다 못해 다리까지 고통이 전해진다고도 했다. 여자 친구가, 또는 부인이 이처럼 생리통으로 고생할 때 남자들은 기껏해야 진통제를 사다주는 것 외에는 해줄 것이 없다. 나는 그런 안타까운 남자 친구의 마음, 남편의 마음이 면 생리대를 탄생시켰다는 확신이 커져만 갔다.

생리대를 착용하는 남자의 소망

'일회용 생리대가 생리통 및 자궁 관련 질환의 원인이 될 수 있다'는 위험성이 대두되는 만큼 나는 일회용 생리대를 경쟁자로 간주하고 경쟁자의 약점과 강점, 우리의 약점과 강점을 파악하기 위해 본격적인 실험 작업에 들어갔다.

내가 직원들과 함께 처음으로 한 일은 여자 화장실 뒤지기였다. 여자들이 생리를 하면 생리대에서 냄새도 나고, 피가 덩어리져 나온다고 하는데, 그것이 무엇인지 도저히 알 길이 없었다. 그렇다고 주변의 아는 여성들에게 물어볼 수도 없는 일이었다. 사람들이 붐비는 시간을 피해 이른 아침에 여자 화장실을 뒤지다 보면 운 좋게 바로 그것을 얻게 되는 일이 있었다. 하지만 대부분은 쓰레기통을 뒤지는 사이 여자들이 화장실로 들어오고, 조용한 틈을 타 나가려고 하면 또 새로운 여자들이 들어오고…. 그렇게 30분 남짓 노크 소리에 귀 기울이며 땀을 한 바가지 흘리고서야 겨우 빠져나오기도 했다.

그 다음으로 착수한 일은 바로 생리대 착용이었다. 남자가 생리대를 착용한다? 생리대 영업을 하면서 고객들에게 이 이야기를 하면 대부분 뒤로 넘어간다. 도저히 못 믿겠다며 어이없어 하거나, 심지어는 변태가 아니냐며 불쾌해하기도 한다. 하지만 우리가 생리대를 착용하는 이유는 오직 하나, 고객과의 공감 때문이다. 생리통을 직접 느껴볼 수는 없어도, 착용감만큼은 노력하기에 따라 충분히 공감할 수 있다는 것이 내 생각이다. 첫 주는 일회용 생리대, 그 다음 주는 면 생리대, 이렇게 격주로 번갈아 가며 한 달 내내 생리대를 착용한다. 피부가 짓물러 터질 때까지, 까져서 피가 날 때까지, 그냥도 착용해 보고 물도 붓고 커피도 부어서 착용해 본다. 그러다 보면 착용감뿐만 아니라 피부 트러블에 대해서까지 전문가 경지에 오르게 된다. 덕분에 우리는 한 달 내내 생리하는 남자가 되었다. 그나마 다행인 것은 주 5일 근무라는 이유로 착용해 보는 것도 5일이라는 것이었다.

우리의 이런 피나는 노력을 아는지 모르는지, 영업을 하다보면 간혹 "도대체 남자가 생리통이 뭔지는 알아요?" 라고 따지듯 묻는 분들이 있다. 그러면 나는 항상 이렇게 되묻는다.

"암을 고치는 의사가 암 환자여야만 암을 잘 고치는 걸까요?"

의사는 질병에 관해 전문적인 지식으로 무장하고 있고, 환자의 고통을 환자 이상으로 잘 아는 사람이다. 그래서 우리는 암에 걸려 본 경험이 없는 의사의 말에도 무조건 신뢰하며 따르는 것이다.

남자인 이상 죽었다 깨어나도 생리통을 경험할 수 없는 것이 사실이다. 하지만 그런 까닭에 우리는 더 많이 연구하고, 더 많이 공감하려고 노력했다. 남자인 내가 생리대나 생리에 대해 대충 건성으로 공부한다면 고객들은 금세 눈치를 채고 내 설명을 무시하며, 남자가 어떻게 알겠느냐며 흘려들었을 것이다. 하지만 진실한 모습과 불타는 눈빛, 완벽한 전문 지식으로 무장하고 설명하며 고객들의 마음은 저절로 열리게 된다. 오죽 제품이 좋으면 남자가 저럴까 하면서 말이다.

더러는 신입 사원 중에 '남자라서 자신이 없다. 남자라서 여성들에게 어필할 수 없다'는 말을 하는 경우가 있다. 하지만 그런 사원들도 한 달 동안 생리대와 면 생리대를 번갈아 착용하며 그 차이를 피부 깊숙이 느끼게 되면 눈빛부터 달라졌다. 제품에 대한 확신은 물론, 고객과의 공감까지 체감한 것이다.

실패자는 어려움이 닥치면 핑계 거리를 찾지만, 성공자는 어려움이 닥치면 해결 방법을 찾아낸다고 한다. 항상 남들보다 월등한 전문 지식으로 무장하고 판매 현장으로 나간다면, 더 이상 "니들이 여자를 알아?"라는 말은 듣지 않을 것이다. 성공은 먼 곳에 있지 않다. 조금 더 노력하고, 한 발짝 더 나아가 고객과 공감하는 그곳에 바로 성공이 기다리고 있다.

성공에 대한 열망이
부를 불러온다

거리를 다니다 보면 새파랗게 젊은 사람이 고급 외제차를 몰고 다니는 것을 가끔 목격한다. 대부분의 사람들이 그들을 보며 내뱉는 첫마디는 아마도 "젊은 놈이 애비를 잘 만났구먼!"일 것이다.

나 역시 한때 '부자'라는 말만 들어도 날을 세우던 적이 있었다. 딱히 돈에 한이 맺힐 만큼 가난한 어린 시절을 보낸 것도 아니고, 부자라고 불리는 사람들에게 이렇다 할 모욕을 당한 적도 없는데, 왠지 모르게 그들이 싫었다. 돌이켜 생각해 보면 그런 막연한 거부감의 근저에는 아마도 그들이 내가 갖지 못한 것들을 갖고 있다는 데서 비롯된 열등감이 깔려 있었기 때문인 것 같다.

하지만 사업가의 꿈을 품고부터는 부자는 배척의 대상이 아니라 존경의 대상이 되었다. 물론 그들이 축적한 부에 대한 존경이 아니라는 성공의 열망, 그리고 그것을 이루어 낸 정신과 실천력을 존경한다는 의미다.

물론 부자들 중에는 더러 돈을 버는 방법이나 돈을 쓰는 방식 때문에 욕먹을 만큼 올바르지 못한 사람들도 있다. 나는 부정한 방법으로, 혹은 벼락부자가 되어 흥청망청 사치나 즐기는 그런 졸부는 부자라고 인정하지 않는다. 수십 억이 내 수중에 있어도 내가 목표한 바를 이루기 위해 어제보다 더 나은 오늘을 살기 위해 노력하는 사람, 그리고 돈을 버는 것 못지않게 쓰는 것도 올바른 사람, 나누고 베푸는 삶을 사는 사람이 진정한 부자라고 생각한다.

첫 장사에서 얻은 교훈

스물 넷, 군대를 재대하던 그해부터 나는 세일즈의 세계로 뛰어들었다. 말이 좋아 세일즈지, 자본금이 전혀 없었던 나는 가장 밑바닥인 행상부터 시작해야 했다.

남들이 부러워하는 명문대를 다니던 아들이 복학이 아닌 행상을 하겠다고 하니 부모님은 당연히 노발대발하셨다. 하지만 군복무를 하는 동안 취업이 아닌, 창업에 대한 결심을 굳힌 나로서는 그런 부모님의 우려가 귀에 들어오지 않았다. 게다가 당장 학교로 돌아간다 한들 창업을 하는데 별다른 도움을 얻지 못할 것이 뻔한데, 그럴 바에는 한 살이라도 더 젊었을 때 현장에서 경험을 쌓아두고 싶었다.

쇠뿔도 단김에 빼라고, 전역하던 날 집으로 향하는 길에 지하철역에 내려서 노점을 두리번거렸다. 누구든 붙잡고 물어볼 요량이었다. 천호역 로데오 거리에서 호두과자를 파는 노점이 눈에 들어왔다. 나는 일단 호두과자 한 봉지를 사고, 한가해지기를 기다렸다가 주인아주머니에게 노점 장사에 관해 이것저것 묻기 시작했다. 다행이 아주머니는 귀찮은 기색 없이 이것저것 친절하게 가르쳐 주셨다.

그렇게 얼렁뚱땅 30분가량의 교습 후에 나는 생각으로만 그쳤던 나의 사업계획서를 본격적으로 펼쳐 들었다. 나의 첫 사업 아이템은 토익 시험장에서 연필을 파는 것이었다. 구치소에서 군복무를 하는 동안 토익 시험이 있던 달에는 꼭꼭 외박을 나와 시험을 치렀는데, 그때 가장 눈에 띄었던 것이 학교 정문 앞에서 토익 시험용 연필을 파는 이들이었다.

'연필과 커피를 한 개 팔면 천 원 가까이 남는데, 이곳에 시험을 보러 오는 사람들이 대략 3천 명 정도이므로, 그 중 절반만 내게 구매를 한다면…. 오홋! 한 달에 하루 일하면서 직장인들의 월급 수준에 필적할 돈을 벌겠구나!

생각이 많으면 고민도 깊어지기에 나는 무식하게, 그리고 용감하게 앞 뒤 잴 것 없이 무작정 장사 준비에 들어갔다. 휴가를 나올 때마다

짬짬이 막노동을 한 덕에 자금마련에 대한 걱정도 없었다. 물론 캔 커피를 사러 간 할인마트에서 나는 내가 얼마나 황당한 꿈을 꾸었는지 곧 알게 되었지만 말이다. 이동 수단에 대한 고려를 전혀 하지 않은 탓에 캔 커피를 머리에 이고 나오며, 당일 휴대할 수 있는 수량이 백 개도 안 된다는 것을 그제야 깨달았던 것이다.

'그래도 연필이 있다.'

캔 커피에 비해 연필은 가벼워서 물류 걱정이 필요 없었다. 경쟁자가 많다는 단점은 있지만 어쨌든 그들보다 더 나은 무언가를 제시한다면 당연히 고객은 내게 올 것이라고 확신했다. 제일 먼저 떠오른 것이 '차별화'였다.

'남들과 달라야 생존한다!'

이런 믿음은 생애 첫 세일즈 도전을 감행했던 그 시절부터 지금까지 늘 마음속에 품고 있다.

나는 평소 토익 시험을 볼 때 뾰족하게 깎아 파는 연필들이 매우 불만스러웠던 기억을 떠올렸다. '좀 더 뭉툭하게 깎아 판다면 정말 칠하기도 편하고 부러질 염려도 없을 텐데….' 생각이 거기까지 미치자 나는 당장 실행에 들어갔다. 열심히 자동 연필깎이를 돌려 연필을 깎고, 손톱깎이를 이용해 끝을 뭉툭하게 잘라 놓았다. 실제로 사용해 보니 빈 칸을 칠하는데 매우 편했다.

'발명품은 판매하는 것이 아니다. 날개 돋친 듯 저절로 팔려 나가

는 것이다.'

제품이 좋으면 무조건 팔린다는 그릇된 믿음 덕분에 나는 다음날 있을 장사에 대한 기대를 품게 되었다. 물론 책에서 읽은 마케팅, 홍보, 판촉 등도 신경 쓰기는 했다. 아무리 좋은 신상품을 갖고 있다고 해도 그것이 고객들에게 알려지지 않으면 아무 소용이 없다는 것 정도는 알고 있었으니 말이다.

어쨌든 첫 비즈니스에 성공과 높은 매출을 올리기 위해 나름 열심히 고민하고 행동에 옮겼다. 먼저 남들보다 훨씬 일찍 나가 제일 좋은 자리를 선점하고 판매대를 예쁘게 꾸몄다. 매대 디스플레이를 위해 요술 풍선 만들기를 배워 두었던 덕분에 저 멀리서도 매대가 눈에 확 들어왔다. 매대를 완벽하게 준비한 다음 나는 고객들에게 신상품을 알리기 위하여 먼저 사은품을 뿌리기 시작했다.

"여러분들의 긴장을 풀어 드리고, 시험 대박을 기원하면서 사은품을 하나씩 나눠 드립니다."

매대 30미터 전방에서 목청껏 외치며 남자들에게는 담배 한 개비, 여자들에게는 사탕 한 개를 나눠 주었다. 매대에는 따뜻한 캔 커피와 함께 연필, 휴지를 올려놓고 "Feel free to pick this up^{마음대로 집어 가세요}!"라는 문구로 시선을 끌었다.

캔 커피와 휴지를 준비한 것도 차별화 전략 중 하나였다. 다른 사람들이 종이컵에 커피를 팔 때, 나는 시험장 안에서까지 온도를 유지하라고 일부러 따뜻한 캔 커피를 준비한 것이다. 물론 가격은 종이컵 커피와 동일했다. 그리고 혹시라도 배가 아프거나 감기 기운이 있는 분들을 위해 휴지까지 준비해 두었다. 거의 완벽에 가까운 고객 배려와 차별화 전략 앞에서 나는 대박에 대한 확신을 굳히며 내심 흐뭇한 미소를 지었다.

하지만 나는 매대를 펼친 지 채 10분이 지나기도 전에 내가 잘못된 패를 준비해 왔음을 깨닫게 되었다. 날씨가 꽤 쌀쌀해서인지 캔 커피는 예상대로 그럭저럭 팔렸다. 그런데 연필은 물론이고 휴지까지 전혀 팔리지 않는 것이었다. 알고 보니 휴지가 필요한 고객은 아주 소수에 불과했고, 게다가 필요한 사람들은 이미 집에서 준비해 온 것이다. 평소 휴지를 늘 챙기던 나 자신의 경험만 생각한 탓에 완전히 헛다리 짚은 꼴이 되었다.

고객 분석 실패! 덕분에 고객을 분석하지 않은 제멋대로의 사업이 얼마나 허망한 결과를 낳는지, 첫 장사에서 똑똑히 배우게 되었다.

그런데 더 큰 문제는 따로 있었다. 당연히 날개 돋친 듯 팔리리라 예상했던 연필이 전혀 팔리지 않는 것이었다. 분명히 자리도 좋고, 뛰어난 마케팅에, 훌륭한 신상품까지 준비했는데 도대체 무엇이 문제란 말인가? 도무지 그 이유를 알 수 없었던 나는 급기야 지나가는 사람을 붙잡고 물어 봤다. 도대체 이렇게 기발한 제품을 왜 안사냐고 말이다.

"저기 지하철역 나오면 바로 앞에서 팔고 있어요. 거기서 다 사갖고 와요.”

입에서 헉하는 소리가 저절로 튀어 나왔다. 좋은 목은 따로 있고, 장사는 결국 목이 중요하다는 것을 깨닫는 순간이었다. 그렇다면 남들보다 훨씬 일찍 나와 매대를 준비한 나는 왜 좋은 목을 차지하지 못했을까? 그것은 순전히 시장조사를 제대로 하지 않은 탓이었다.

어떤 사업을 하던 내가 짐작하는 것, 내가 보는 것, 그 이상의 것을 짐작하고 볼 수 있어야 한다. 당시 나는 외박을 나와 집에서 바로 시험을 보러 갔기 때문에 당연히 시험장 앞이 가장 좋은 자리라고 여겼던 것이다.

변수는 함정과도 같다. 지금도 간혹 그런 변수들에 부딪치면 아찔하다. 수년간의 현장 경험을 통해 다양한 변수들을 예측하는 힘을 길렀다고 자신하지만, 인간인 이상 결코 완벽할 수 는 없다. 그래서 예측할 수 없기에 변수인 것이다.

모든 변수를 예측하고 관리할 수 있다면 더할 나위 없이 좋겠지만, 현실이 그렇지 못하다면 결국 변수 관리가 관건이 된다. 즉, 무언가 돌발 상황이 발생했을 때 얼마나 빠르고 유연하게 대처할 수 있는지가 경쟁력으로 작용한다는 뜻이다.

대박과 쪽박은 종이 한 장 차이

대박을 노리다 쪽박 찰 상황에 직면하자 나는 정신이 번쩍 들었다. 내 생애 첫 사업을 적자를 내고 망할 수는 없는 일이었다. 나는 어떻게든 회생할 수 있는 기회를 찾으려고 눈에 불을 켜고 주위를 둘러보았다. 하지만 거의 모든 사람들이 시험장으로 들어간 상황이라 더 이상 교문 앞에는 사람들이 오가지 않았다. 게다가 다른 노점상들은 철수하기 위해 매대를 하나둘 씩 정리하고 있었다.

'그래! 들어가자!'

나는 토익 시험을 치르는 교실로 들어가 연필을 팔기로 결심했다. 시험 시작까지는 시간이 좀 남아 있었고, 게다가 고객들이 한 곳에 모여 있기까지 하니 불가능한 일만은 아니었다. 이렇게 상황을 긍정적으로 재해석하고, 무작정 캔 커피가 들어있는 아이스박스를 어깨에 메고 휴지와 연필을 가득 가방에 넣은 다음 교실을 향해 달렸다.

교실에 들어서자 사람들의 시선이 모두 나를 향했다. 외모가 또래로 보이니 시험을 치러 온 것 같기는 한데, 어깨에 들쳐 멘 짐들을 보니 이상하게 보였던 모양이다.

"어떻게 오셨어요?"

짐을 든 채 교단 앞에서 선 나를 보며 시험 감독을 준비 중인 선생님이 물었다.

"아, 예. 연필 팔러 왔습니다."

“여기서 그러시면 안 돼요.”

“네. 죄송합니다.”

무엇이 그리 죄송하고 부끄러운지, 나는 선생님에게 혼난 학생마냥 한 마디 말도 못하고 그냥 교실 밖으로 나와 버렸다. 운동장에 이르자 나는 하늘을 바라보며 신세 한탄을 했다. ‘최선을 대해 할 만큼 했는데 왜 안 될까?’ 그런데 가슴 한편에서 또 다른 목소리가 들려왔다.

‘과연 최선을 다했니? 아직 시험이 끝나기는커녕 시작도 안 했고, 그렇다면 어떻게든 팔 수 있지 않겠어?’

주위를 두리번거리며 다시 판매에 대해 고민을 하고 있는데 사람들이 한두 명씩 운동장으로 나오기 시작했다. 시험 시작 전 약간의 짬을 이용해 담배를 피러 나온 것이었다. 기회는 이때다 싶어 남아 있던 담배들을 그들에게 한 개비씩 집어 주고 사탕을 돌리며 외쳤다.

“토익 만점자가 파는 연필입니다! 이 연필로 체크하시면 찍어도 맞고, 잘못 체크해도 오히려 정답이 되는, 운수 대통하는 연필입니다. 자~ 여러분들께서 이 연필로 오늘 기대 이상의 성과를 올리시고, 긴장을 풀라는 의미로 여기까지 들어와 팔고 있습니다. 단돈 천 원 받습니다. 선착순 10분께는 따뜻한 커피까지 천 원에 드립니다!”

살까 말까 고민하는 그들에게 나는 덥석 연필과 캔 커피를 쥐어 주면 계속 외쳤다.

“여러분들이 사용하시는 연필은 끝이 뾰족해서 자칫 잘못하면 부러질 염려가 있습니다. 또 그 뿐입니까? 답안 하나를 체크하는데 1초가 걸리면 반면, 제가 파는 이 연필은 끝이 뭉툭해서 그냥 한번 쓱 내리그으면 0.01초도 안 걸립니다. 이 찰나의 시간들이 모이고 모이면 여러분이 대여섯 문제를 더 풀고 검토할 수 있는 시간이 나오는데, 그 덕에 일이십 점만 더 높게 받으셔도 수지가 맞는 것 아니겠습니까? 점수 10점 올리겠다고 영어 학원 다니면서 학원비를 얼마나 내십니까? 이 자리에서 천 원만 내십시오!”

나는 연필 한 자루를 두고, 토익 만점자가 파는 연필, 운수 대통하는 연필, 답을 칠하는 데 0.01초도 안 걸리는 연필이라며 온갖 가치들을 쏟아 붓기 시작했다. 과연 결과는 어땠을까? 한 명, 두 명 사기 시작하더니 마침내 있던 것들을 모조리 팔아 버렸다.

그렇다. 결국 물건이란 판매자가 가치를 부여해 고객에게 전달하는 것이다. 바로 가치 때문에 교문 앞에서 5백 원에 판매하던 연필을 천 원이라는 2배의 가격을 주고도 사람들은 행복해 했다. 그들이 연필을 없어 그 연필을 구매했을까? 물론 아니다. 그들은 연필이 아닌, 연필이 전하는 가치에 기꺼이 천 원이라는 돈을 지불한 것이다.

안 팔리는 물건은 없다. 잘 팔지 못하는 판매자가 있을 뿐이다. 어떠한 제품이든 제품 자체가 아니라 그 제품이 갖고 있는 효용성과 가치를 부가시켜 판매해보자. 그러면 가격 경쟁에서도 자유로워지고, 더욱 효율적인 사업을 진행할 수 있다.

비즈니스를 시작할 때 너무 밝은 청사진만 그려서는 안 된다. 미래를 위한 긍정적인 계획을 세우되 부정적인 요소를 극복할 수 있는 방법까지도 포함하여 계획을 세워야 한다. 물론 '생생하게 꿈꾸고 간절하게 원하면 반드시 이루어진다'는 성공 법칙이 유행하는 덕분에 무조건 긍정적으로 생각하고 부정적인 생각은 지양해야 한다는 사람들도 많을 것 같다. 하지만 무조건적인 긍정은 맹신만큼이나 위험하다. 긍정을 하되 부정적인 요소도 함께 극복해 나가는 방법을 개척하는 마음 자세가 필요한 것이다.

대박과 쪽박은 종이 한 장 차이다. 철저한 고객 분석, 시장분석, 탁월한 제품력을 갖추었음에도 쪽박의 위기에 처했다면 이제는 위기 대처 능력을 가져야 할 때다. 그런데 위기 대처 능력이란 임기응변식으로 즉석에서 발휘되기도 하지만, 이 역시도 철저한 준비에서 나온다. 연필을 팔면서 시험장까지 쳐들어갈 수 있었던 것은 다름 아닌 부정적 요소에 대한 사전 준비의 힘이었다. 비록 아이템 선정이나 시장 파악에서 좀 더 신중하지 못했지만, 시험장 안에서라도 팔아야겠다는 대안을 생각해 두었던 것이다. 그 때문에 나는 교문이 닫히는 순간에도 아이스박스를 들쳐 메고 학교 안으로 들어갈 수 있었던 것이다.

막상 사업을 하다 보면 어려움이 닥치고 뜻대로 잘 풀리지 않을 때가 많다. 그럴 때 힘을 낼 수 있는 원동력은 부정적 요소를 인정하고,

미리 계획을 세워 대처하는 기본기다. 어떠한 변수든 돌발적으로 나타나고, 얼마나 거기에 잘 대처하느냐에 따라 사업의 승패가 엇갈리기도 한다.

· 꿈과 비전을 적으면 이루어진다 ·

비전이 없는 사람들은 미래에 대한 시야가 매우 좁다. 그래서 당장 눈앞에 닥친 순간만을 모면하며 장기적인 계획조차 없이 닥치는 대로 행동한다. 미국의 저명한 한 공과대학의 조사에 따르면 노숙자들은 미래에 대한 관점이 2시간 정도에 머물며, 일반인들은 한 달을 넘기지 않는다는 결과가 나왔다고 한다. 반면, 성공한 갑부들과 오피니언 리더들은 인생의 방향이 명확하게 설정되어 있고, 그것을 이루기 위한 중·장기 계획과 세세한 실천 강령들이 모두 문서화 되어 있다고 한다. 설문 조사 결과 상위부터 보면 다음과 같다.

- 3% : 자신의 꿈과 목표를 일목요연하게 글로 표현하고
  수시로 보고 가다듬는 사람
- 17% : 꿈과 목표를 늘 말하고 다니면서 생각하는 사람
- 60% : 인생에 대한 비전은 없었지만 1년 정도의 단기 계획을 짜고
  실천했던 사람
- 20% : 아무 계획 없이 그때그때 살아가던 사람

놀라운 것은 위의 결과에 나타난 4가지 분류 그대로 초고위층, 상류층, 중산층, 서민층의 순서대로 나뉘었다고 한다. 더욱 놀라운 것은 상위 3%의 계층의 부가 나머지 97%의 부를 모든 합친 것보다 더 많다는 사실이다. 이 결과를 통하여 우리는 꿈이 있느냐 비전이 있느냐보다 더 중요한 것이 그것을 글로 적고 계속 업그레이드를 시키느냐의 여부라는 것을 알 수 있다. 결국 모든 성공은 종이 위에서 계획되고 행동에서 이루어진다.

역경은
잠재력을 일깨운다

"Never give up, Never Never give up!"

절대로 포기하지 말라. 절대로, 절대로, 포기하지 말라! 위대한 정치가 윈스턴 처칠은 인생의 가장 중요한 교훈을 한 문장으로 압축했다. 성공이란 포기하지 않는 자의 것이고, 실패는 포기한 자의 것이다. 성공은 포기한 사람에게 절대로 찾아오지 않는 법이다. 뜨거운 열정을 갖고, 어떠한 악조건이든 뼈를 깎는 노력으로 집중한다면 안 될 일은 없다. 베토벤은 피아노 연습을 할 때 세숫대야에 물을 한 동이 떠놓고 연습했다고 한다. 손가락이 뜨거워질 정도로 연습을 하다가 물에 담구고 다시 건반을 두드리다가 또 담그곤 했다. 그 바람에 아랫집 부인이 물이 천장에서 떨어진다고 난리를 쳤지만 베토벤은 결코 연습을 멈추지 않았다.

손가락이 아프다고, 이웃에서 눈치를 준다고, 귀가 안 들린다고 포기했더라면 우리가 기억하는 위대한 음악가 베토벤은 없었을 것이다. 그와 같이 어떤 장애 앞에서도 절대 굴하지 않고 뜨거운 열정을 유지할 때라야 비로소 우리는 성공이라는 값진 보물을 얻을 수 있다.

생애 첫 세일즈 도전이 많은 깨달음과 함께 판매에 대한 자신감까지 얻었던 그해, 나는 다시 두 번째 세일즈에 도전했다. 당시 2002년 월드컵 1주년 기념행사로 한국 대 일본 축구가 열릴 계획이었는데, 나는 그 축구 경기를 관람하는 관중들이 나의 고객이 되어 줄 것임을 확신했다.

"축구 경기장에는 사람이 많이 몰릴 테고, 당연히 장사도 잘 되겠지!"

토익 시험장에서 연필을 팔던 것과 마찬가지로 여전히 막무가내식의 엉뚱한 시장분석이었지만, 어쨌든 뚝심 하나로 밀어붙이며 판매할 품목을 고르느라 고심했다. 그러던 중 '물장사가 남는 장사다'라는 장사 업계의 오래된 잠언이 떠올랐다. 사실 이 말은 '술을 취급하는 장사가 마진이 높다'는 말을 우회적으로 표현한 것인데, 그것을 알 리가 없었던 나는 말 그대로 물을 팔아야 돈을 많이 벌 수 있다는 것으로 받아들이고, 물을 팔기로 결정했다.

준비 과정에서 대충 수익을 계산해 보았다. 적어도 3~4만 명의 관중이 관람할 테고, 그들 대부분이 지하철을 이용할 테니 나를 반드시 거쳐 갈 것이다. 백 명 중 2~3명만 내 물건을 사 간다면! 역시 하루 일하고 일반 샐러리맨들의 한 달 치 월급 이상의 돈이 내 손에 떨어지는 것이었다. 하지만 나의 이런 당돌한 꿈은 물건구매 단계에서부터 제동이 걸리기 시작했다. 생수를 500㎖짜리 용량으로 선택했지만 아이스박스에는 30개가 채 안 들어가는 것이었다. 나는 그제야 토익 시험 때 캔 커피를 옮기느라 고생했던 기억이 떠올라 아차 싶었다.

잠시 고민하기는 했지만, 어쨌든 하는 데까지 해보자는 마음에 친구에게 전화를 걸어 좀 더 큰 아이스박스를 빌렸다. 이래저래 눌러 넣어 50개 정도를 겨우 채우고 나니 이제는 들고 나가는 것이 문제였다. 아무리 용을 써도 혼자서는 도저히 들 수 없는 무게였던 것이다. 결국 친구 2명의 도움을 받고서야 겨우 집으로 올 수 있었다. 이런 경험으로 나는 어떤 아이템이든 가장 유의해야 할 점이 물류라는 것을 뼈저리게 느꼈다.

차별화 전략이란 이런 것이다

1000개 판매를 목표로 하다가 달랑 50개만 들고 갈 수밖에 없게 되니 참으로 허망했다. 전부 다 팔아 봐야 하루 일당도 안 나오기 때문이다. 하지만 나는 50개를 10분 내에 팔고 다시 사서 파는 식으로 해야겠다는 생각에 희망을 버리지 않고 있었다.

드디어 당일, 아이스박스에 꽁꽁 얼어붙은 얼음물을 넣어서 들고 가는데 남들과는 다른 방법으로 팔아야겠다는 생각이 들었다. 그래서 얼음으로 제품을 정말 시원하게 보이려고 동네 얼음집에 갔는데, 만 원이나 달라는 것이었다. 50개 다 팔아 봐야 얼마 남지도 않는데 만 원을 투자할 수는 없었고 그렇다고 얼음에 대한 미련을 떨칠 수도 없었다.

그런데 그 순간 간절하게 바라고 바라니 하나의 답이 떠올랐다.

돈 한 푼 들이지 않고 공짜 얼음을 구할 수 있는 곳! 바로 햄버거 가게였다. 나는 즉시 근처의 햄버거 매장들을 찾아가서 사정했다.

"저기, 얼음이 필요한데 한 봉지만 얻을 수 있을까요?"

나는 종업원이 대답도 하기 전에 시커먼 봉지부터 내밀었다. 그리고 씩 웃었다.

우여곡절 끝에 박스 가득 얼음을 채울 수 있었다. 그리고는 곧장 경기장으로 향했다. 내 나름의 차별화 전략, 즉 '꽁꽁 얼은 얼음물 + 얼음'으로 무장하고 경기장에 4시간 일찍 도착했다. 그런데 이게 웬일인가. 지하철역을 나서는 순간 나는 입을 다물지 못했다. 이미 자리를 쫙 깔고 앉아 있는 아줌마 군단들! 정말 군단이라는 말밖에 표현이 안 되는 그 모습은 가히 위압적이기까지 했다. 게다가 어떻게 실어 왔는지 대형 아이스박스에, 온 동네 더위를 다 무찌를 것 같은 큼지막한 얼음들을 보고 있자니 골리앗과 다윗의 싸움이 절로 떠올랐다.

더욱 충격적이었던 것은 바로 오렌지 주스, 알로에 주스, 이온음료 등 온갖 음료로 구색이 갖추어져 있다는 것이었다. '과연 프로 중에 프로다!'라는 감탄과 함께 '왜 나는 물만을 가져 왔을까!'라는 탄식이 번갈아 나왔다. 상품 구색도 못 갖추고, 규모에서 밀리고, 자리도 없고…. '시장조사의 중요성이 바로 이런 것이구나!'라는 생각을 뼈저리게 했다.

하지만 절망할 시간은 없었다. 상황이 어쨌든 나는 팔아야 하는 사람이고, 주위의 여건이 어떻든 제 갈 길을 묵묵히 가서 성공해야만 했다. 더군다나 아직 게임은 시작도 안 했지 않은가. 마음을 다스리기 시작하니 상황이 긍정적으로 재해석되었다. 상품 구색이 맞지 않으니 그냥 화끈하게 단품 아이템인 물로 밀어붙이면 될 것이고, 규모가 작으니 이동하면서 팔 수 있을 것이고, 자리가 없으니 어차피 잘 되었다고 생각하고 그냥 직접 찾아다니며 팔면 되는 것이었다.

상황을 해석하는 시각을 바꾸고 나니 대형 아이스박스와 얼음, 온갖 음료수로 중무장한 아줌마 군단들이 하나도 부럽지 않았다. 오히려 그들을 옴짝달싹 못하게 옥죄는 거대한 덩치가 우스꽝스럽게 느껴졌다. 나는 보란 듯 고객들 사이를 오가며 목이 터져라 외쳐 댔다.

"꽁꽁 얼어붙은 시원한 남극의 빙하를 전달해 드립니다. 뻘뻘 흘리실 땀을 시원~하게 녹이고 가세요."

간절히 바라면 안 되는 것이 없다고 했던가. 한두 명을 시작으로 2분 정도 흐른 후 5~6개를 팔았다. 하지만 10분에 50개를 다 팔겠다는 목표를 달성하기에는 어딘지 많이 부족하게 느껴졌다. 게다가 단지 소리치는 것 외에 자신을 발전시킬 수 있는 다른 방법을 찾고 싶었다. 그때 떠오른 것이 바로 단체 영업이었다. 직장인 동호회에서 단체로 응원 온 사람들을 공략하면 한꺼번에 수십 개의 물을 파는 것은 쉬울 것 같았다.

나는 즉시 실천에 옮겨 동호회에서 온 것으로 추정되는 사람들 틈으로 들어가 총 책임자를 찾았다. 그리고 용감하게 말했다.

"정말 시원한 얼음물인데 40개 약간 넘게 있습니다. 어차피 이 뜨거운 태양 아래에서 물이 필요하실 테고, 저기 편의점 가서 구매하시려면 30분 이상 기다리셔야 합니다. 아주머니들에게 구매를 하셔도 일일이 한사람씩 계산하려면 그 또한 일입니다. 천 원에 판매하는 것인데, 40개가 조금 더 되지만 전부 4만 원에 드리겠습니다."

별다른 대답 없이 갈등만 하던 고객에게 나는 덤으로 얼음과 쓰레기 봉지까지 주겠다는 제안했다. 덕분에 그 고객은 흔쾌히 제안을 받아들였다. 초기 목표했던 시간을 절반이나 앞당겨 5분 만에 물을 50개를 팔아 치운 것이다. 세일즈에서 협상의 중요성을 함께 단체 영업의 위력을 깨닫는 순간이었다.

'이래서 단체 영업을 하고, 도매를 하고, 세일즈를 하는구나!'

감탄도 잠시, 나는 확보된 자금을 챙겨 들고 서둘러 근처의 할인 마트를 찾았다. 이번에는 물과 함께 캔 커피와 이온음료까지 샀다. 나름 구색을 갖추려 했다.

경기장에 도착하니 한 음료회사에서 이벤트를 한다고 시끄럽게 떠들어 대고 있었다. 그래서 아무리 목청 높여 소리를 질러도 내 목소리는 전혀 들리지 않았다. 게다가 엎친 데 덮친 격으로 캔 커피와 이온음료를 아무도 찾지를 않는 것이었다. 하기는 그 더운 날 텁텁한 커피를 좋아할 사람이 몇이나 될까? '역시 상품 선택에는 고객의 니즈를 먼저 고려해야 하는구나!'라는 생각에 또 한 번 가슴이 저려왔다.

하지만 다시 힘을 내야 했다. 난세에 나는 것이 영웅이라는 말을 되새기며 나는 기회를 찾아 주위를 두리번거렸다. 그때 문득 '세일즈를 할 때에는 먼저 무언가를 주고 나서 대가를 요구하는 것이 매우 효율적이다'라는 말을 책에서 본 기억이 떠올랐다. 그렇다면 내가 먼저 사람들에게 줄 수 있는 것은 무엇일까? 나는 다시 주위를 두리번거렸다. 한·일전이라 그런지 파란 옷을 입은 일본인들이 상당히 많았고, 그들은 빨간 옷을 입은 한국인들과 사진을 찍는 경우가 많았다. 나는 '바로 이거다!'라며 무릎을 쳤다. 나름 핵심역량인 일본어로 그들에게 사근사근 말을 걸었다. 그리고 친절하게 사진을 찍어 주었다. 그리고 카메라를 손에 든 채 웃으며 한 마디 건넸다.

"제가 음료수를 파는 총각인데요, 일단 드시고 시원하시면 계산하세요. 물론 안 시원하면 그냥 가셔도 됩니다. 하하.”

물론 여전히 카메라는 내게 있다. 그러면서 사람 수만큼 캔 뚜껑을 과감하게 땄다. 이쯤 되면 그들은 슬며시 지갑에서 돈을 꺼내든다. 완전 강매다! 하지만 저렴한 값으로 고객에게 시원함을 선물했기에 떳떳하지 못할 것도 없다. 게다가 단체 사진도 찍을 수 있었으니 그들 역시 그리 밑진 것은 아닐 것이다. 이렇게 내 행동을 합리화하며 꿋꿋하게 판매한 결과, 물은 물론이고 캔 커피와 이온음료까지 다 팔아내고야 말았다.

에디슨은 기관차에서 따귀 맞고 귀가 먹었을 때 오히려 조용하게 실험할 수 있었다며 긍정적으로 받아들였다고 한다. 이처럼 자신이 처한 불리한 현실을 마음가짐만 바꾸어서 다르게 바라본다면 어마어마한 기회가 생길 수도 있다. 미국 해병대의 전설적인 장군 체스티 풀러 Chesty Puller 역시 자신의 부대가 적국에게 완전히 포위되자 “우리는 포위됐다. 덕분에 문제는 간단해졌다. 이제 우리는 모든 방향으로 공격할 수 있다”라고 말했다.

아무리 전세가 불리하더라도 긍정적으로 재해석하고 상황에 맞는 방법을 찾으면 된다. 나 역시 그날의 짧은 경험을 통해 난관에 부딪치더라도 늘 남들과 다른 마음가짐으로 기회를 찾는다면 항상 길은 열린다는 것을 깨닫게 되었다. 물론 그 외에도 상품 선택 시에는 미리 시장조사를 해야 하고, 고객의 필요에 의한 사업을 해야 하며, 판매 시에는 철저하게 차별화된 전략으로 최선을 다해 임해야 한다는 배움 또한 얻었다.

실패는 성공을 향해 나아가는 한 과정이다

물장사에서의 작은 성공 경험을 세포 깊숙이 심은 나는 다시 세 번째 도전에 나섰다. 물류에 대한 문제점을 뼛속 깊이 인식한 나로서는 가벼운 품목으로 업종 변경을 단행했다. 바로 콘서트 장에서 야광봉을 파는 것이었다.

당시 이름과 얼굴이 매치되는 연예인이 거의 없을 정도로 예능에 관심이 없었던 내가 콘서트장 역시 가봤을 리 만무했다. 하지만 단순 무식하게 돌진하는 실행력만큼은 국가대표급이었기 때문에 여기저기 뒤지고 다니며 물건을 구입할 곳을 찾았다.

"아저씨, 제일 싼 걸로 50만 원어치만 주세요."

대충 보아도 야광봉임이 확실해 보이는 갖가지 기다란 봉들을 앞에 두고 나는 흐뭇한 미소를 지었다. 뭐가 어디에 쓰이는 것인지, 명칭은 또 뭔지, 시중에서 얼마에 팔리는지 알 수는 없었지만, 일단 깜깜한 콘서트 장에서 야광으로 빛나기만 하면 그만 아니겠냐며 제일 싼 것으로 골라 들었다.

드디어 콘서트 장에 도착한 나는 장사의 기본은 '남들과는 달라야 한다'는 생각에 요술 풍선을 만들어 사람들에게 나눠 주며 시선을 끌었다. 매대 앞까지 사람들을 자연스레 유도하기는 했으나, 어쩐 일인지 풍선만 받아갈 뿐 야광봉을 사갈 생각을 하지 않는 것이었다. 천천히 주위를 둘러보는 내 입에서 또 한 번 헉 소리가 났다. 다른 판매자들이 판매하는 야광봉은 일단 겉부터 값있어 보이는 굵직한 것들이었기 때문이다. 아무리 가장 싼 것이라지만 이렇게 차이가 날까 하고 고개를 갸웃거리는 순간, 그제야 나는 빈손에 쥐어진 빈약하기 그지없는 그것이 야광봉이 아닌 야광 팔찌임을 알게 되었다.

"콘서트의 필수! 없으면 왕따. 있으면 어떡해? 다 같이 흔들어!"

상황이 아무리 불리해도 절대로 기죽을 수는 없었다. 즉석에서 만들어낸 멘트에 운율까지 넣어 덩실덩실 춤까지 추면서 나는 고래고래 소리를 질러 댔다. 어쨌든 그 덕분에 그날 밥값과 교통비 정도는 겨우 뽑을 수 있었다.

나는 집으로 돌아와 박스 가득 쌓여 있는 야광 팔찌를 내려다보며 큰 한숨을 내쉬었다. 내가 콘서트란 콘서트는 전부 다니며 평생을 쓴다 해도 다 못 쓸 양이었다.

'어쨌든 제품은 팔아야 한다!'

내 사전에 '재고'란 단어는 있을 수 없다며 나는 즉시 다음 표적지를 골랐다. 그리고 '번들상품'까지 기획해 가며 좀 더 꼼꼼하게 세일즈 계획을 짰다. 어차피 야광 팔찌가 경쟁력이 없다면 그것은 음료수를 팔면서 사은품으로 제공하면 되는 일이었다. 그리고 커플이나 단체로 오는 사람이 대부분이니, 2개 묶음으로 판매하면 더 많이 팔 수 있다. 나는 가장 저렴한 음료수인 캔 커피 2개와 야광 팔찌를 묶어 천 원에 판매하기로 했다.

드디어 당일 콘서트가 시작되기 2시간 전부터 길목에서 진을 치고 덩실덩실 춤을 추며 노래를 불렀다. 하지만 현실은 여전히 내 생각과 다르게 흘러갔다. 대부분 사람들은 집에서 물을 갖고 오거나, 편의점에서 음료수를 사 갖고 오는 것이었다. 더군다나 그들이 들고 오는 음료수 중 캔 커피는 눈을 씻고 찾아봐도 볼 수가 없었다. 나중에야 안 일이지만 커피는 텁텁한 맛 때문에 콘서트 장에서는 인기가 없는 음료였다. 평소 커피를 전혀 마시지 않는 나로서는 알 턱이 없었던 데다가, 음료 중 가장 저렴하게 판매할 수 있다는 이유 하나로 선택한 것이었으니, 이 역시도 고객의 니즈를 전혀 고려하지 않은 처사였다.

제품을 구매하는 사람들의 13%는 가장 싼 것만을, 7%는 가장 비싼 것만을, 나머지 80%는 가격 대비 가치가 뛰어난 것을 선택한다고 한다. 즉, 고객은 지불할 여력이 되는 선의 가격이라면 굳이 제일 싼 것만을 고집하지 않는다. 오히려 구매할 가치가 충분히 느껴지는 제품을 선택한다.

커플들로 주로 공략하여 애걸하다시피 한 덕분에 준비해 간 캔 커피를 다 팔 수 있었다. 하지만 여전히 상자 가득 남아 있는 야광 팔찌 때문에 마음이 편치 않았다. 하지만 포기할 수는 없었다. 팔 목적으로 사온 것이니 반드시 팔아야 한다는 뚝심 하나로 다음 표적지를 골랐다.

그때나 지금이나 나는 일찍 일어나는 새가 먹이를 하나라도 더 먹는다는 생각에는 변함이 없다. 그래서 콘서트가 시작되기 5시간 전부터 가서 주변을 탐색하고 적당한 자리를 봐 두었다. 시간이 많이 남는다는 생각에 옆 대공원으로 야광 팔찌를 팔러 간 것이 화근이었다. 성과도 없이 대공원에서 돌아왔을 때는 중간에 자리를 비운 탓에 먼저 와 자리를 봐 둔 것이 전부 헛수고가 되고 말았다. 다른 콘서트장과는 다르게 콘서트 시작 1시간 전이였지만 이미 장사꾼들이 발 디딜 틈도 없이 빼곡하게 차 있어 그 사이에 끼어들 엄두조차 낼 수 없는 상황이었다. 콘서트에 무지했던 나의 판단 착오가 또 일을 그르치게 생긴 것이다. 하지만 허망하게 물러 설 수도 없었다.

"그래! 남들보다 먼저 팔아 버리자!"

어차피 노점상들이 판을 벌린 곳은 지하철 입구에서 콘서트 장까지였다. 그래서 나는 지하철에 가서 팔아야겠다는 생각이 들었다. 용기를 내어 지하철 입구 아래로 내려가 준비해 온 박스를 깔고 식탁보를 깔았다. 그리고 덩실덩실 춤을 추며 운율에 맞추어 흔들어 댔다. 부채춤을 추듯 야광 팔찌를 흔들어 대며 운율에 맞추어 판매 멘트까지 외쳤다.

"아저씨, 여기서 장사하지면 안 돼요."

좌판을 깐 지 5분도 채 안 돼 달려온 공익요원 때문에 나는 주섬주섬 다시 물건들을 챙겨 담아야 했다. 하지만 이대로 장사를 접을 수는 없다는 생각에 공익요원이 역무실로 내려가는 것을 확인하고는 다시 매대를 깔았다. 그런데 어떻게 알았는지 곧이어 공익요원이 또 다시 올라왔고, 그렇게 깔았다 접었다를 몇 차례 반복해야 했다. 그리고 결국에는 역무원이 올라오기에 이르렀다.

"아저씨, 이게 해괴망측하게 무슨 짓입니까? 하지 말라고 그랬잖아요? 여기 감시 카메라 있는 거 안 보여요?"

등장 밑이 어둡다고, 어이없게도 나는 감시 카메라 바로 앞에서 장사를 하고 있었던 것이다. 더 이상 버틸 재간이 없었던 나는 망연자실하여 판을 완전히 정리하고야 말았다.

"이보게, 청년! 장사하고 싶나?"

아직도 상자의 절반이나 넘게 남은 야광 팔찌를 내려다보는 발이 떨어지지 않아 한참을 그 자리에 우두커니 서 있던 내게 누군가 말을 걸어 왔다. 알고 보니 내가 판을 벌였던 바로 옆에 한두 평 남짓의 조그마한 매장을 하시던 분이었다.

"네. 남은 것 다 팔 때까지 저는 장사를 꼭 해야 합니다."

그러자 고맙게도 그분은 매장 전면에 조그마한 공간을 내어 주면서 장사를 하라고 하셨다. 나는 연거푸 고개를 숙이며, 뭐라도 보답을 하고 싶은 마음에 어떤 브랜드의 담배를 피우는지 물어 보았다.

"허허. 됐네. 그냥 장사나 열심히 하시게. 열심히 일하는 모습이 보기 좋아 그러는 거니까."

"그래도…."

"뭐, 정 그러면 나중에 장사 끝나고 호프나 하던지."

술을 일절 안 하던 때라 호프가 무슨 말인지 정확히 이해하지 못했지만 그 분의 넉넉한 웃음에 끌려 흔쾌히 그러겠노라 대답했다.

그분의 도움 덕분에 떳떳하게 덩실덩실 춤을 출 수 있었다. 흥에 겨워 일을 해서인지, 자리가 좋아서인지 어렵지 않게 재고를 무사히 털어낼 수 있었다. 감사한 마음에 약속한 호프를 대접하기 위해 맥줏집에 갔지만, 오히려 대접받고 나오는 은혜까지 입었다.

연필장사, 물장사, 야광 팔찌 장사를 거치면서 실패를 목전에 둔 아찔함과 작은 성공의 경험을 번갈아 체험하며 확실히 느끼게 된 것이 있다. 성공의 반대말은 실패가 아니라는 것이다. 실패라고 생각했던 그 순간, 방법을 찾고 한 걸음 더 나아가니 바로 그 앞에는 성공이 기다리고 있었다. 그렇다면 실패는 결국 성공을 향해 나아가는 한 과정에 불과한 것이다.

"역경은 참으로 고마운 존재다. 그것이 없었다면 결코 발휘되지 않

있을 잠재력이 역경을 통해 여러분의 능력으로 자리 잡게 되기 때문이다"라는 달라이라마의 가르침처럼, 나는 역경과 실패를 통해 사람들 앞에서 철판을 깔고 덩실덩실 춤까지 추게 되었다. 그리고 애교와 억지를 섞어 가며 강매도 하게 되었고, 무엇보다도 이 모든 과정 속에서 그 어떤 역경이 와도 헤쳐 나갈 수 있는 불굴의 의지력을 다지게 되었다.

"어떻게 에베레스트 산을 올라갔냐고요? 뭐, 간단합니다. 한 발, 한 발 걸어서 올라갔지요. 진정으로 바라는 사람은 이룰 때까지 합니다. 안 된다고 좌절하는 것이 아니라, 방법을 달리합니다. 방법을 달리해도 안 될 때는 그 원인을 분석합니다. 분석해도 안 될 때는 연구합니다. 이쯤 되면 운명이 손을 들어 주기 시작합니다."

인류 최초로 에베레스트 산을 등정한 에드먼드 힐러리^{Edmund Hillary} 경이 한 말이다. 이룰 때까지 하는 것이 성공의 비법이라면, 결국 성공의 반대말을 실패가 아닌 포기인 것이다.

물건을 팔지 못해 그대로 주저앉아 버렸더라면 지금의 나는 없었을 것이다. 이루기 전에 먼저 포기해 버렸으므로 성공의 달콤함을 맛볼 수도 없었을 테고, 그 달콤함이 세포 깊숙이 기억되는 성공 DNA 역시 만들어 내지 못했을 것이다.

기회를 포착하는
노하우를 길러라

기회란 녀석은 머리를 풀어헤치고 얼굴을 가리고 있기 때문에 기회가 달려올 때는 무엇인지 모른다고 한다. 뒤늦게 뒷모습을 보고 기회인 줄 알고 잡으려고 하면, 이미 멀리 가버려 놓치고 만다.

기회는 인생을 살아가면서 다양한 모습으로, 특히 어려움으로 가장하고 우리를 찾아온다. 이것은 성공의 디딤돌 같은 것이기에 언제든 기회를 잡을 준비를 하고 있어야 한다. 그렇다면 어떻게 그 준비할 것인가? 기회는 크고 거창하게 오는 것이 아니라 작고 소소하게 찾아온다. 그러므로 오늘 하루를 소중히 여기고, 최선을 다하며 발전적인 하루하루를 보내도록 노력해야 한다.

에드윈C. 반스 역시 오늘 하루를 소중히 여긴 그의 성실함 때문에 토머스 에디슨의 사업 파트너가 될 수 있었다. 남루한 옷차림의 반스가 에디슨의 사무실로 찾아와 "파트너가 되고 싶습니다"라고 말했을 때 직원들은 모두 그를 비웃었다. 하지만 에디슨은 그의 표정과 말투, 눈빛에서 굳은 의지를 확인하고는 사무실에서 허드렛일을 할 수 있는 기회를 주었다.

비록 파트너가 되지는 못했지만 반스는 에디슨의 사무실에서 청소를 하고 물건을 수리하는 등, 수 년 간 험한 일을 도맡아 하며 성실히 일했다. 그러던 어느 날 반스는 에디슨의 최신형 발명품인 딕터폰Dictaphone의 판매에 대해 영업사원들이 수군대는 말을 듣게 된다. 딕터폰은 비서들이 속기를 하기 위해 사용하는 일종의 녹음기와 같은 것인데, 영업사원들은 멀쩡한 비서를 두고 누가 비싼 돈을 주며 딕터폰을 사겠냐며 에디슨을 비웃었다.

"제가 팔아보겠습니다!"

그때 반스가 나섰다. 그는 그동안 허드렛일을 하며 모아둔 월급을 경비로 충당하며 한 달간 뉴욕의 여기저기를 오가며 7대의 딕터폰을 판매했다. 에디슨은 적은 월급에도 불구하고 그 이상의 일을 해내기 위해 매순간 성실하게 임했던 그의 열정을 높이 샀다. 그래서 마침내 빈스를 자신의 사업 파트너로 받아들였고, 그들은 이후 30년 동안이나 변치 않는 파트너십을 유지했다.

내일의 기회를 오늘 준비하라

반스는 에디슨의 파트너가 되겠다는 목표를 세웠고, 그 목표를 향해 하루하루 성실하게 자신의 소임을 다했다. 그 결과, 에디슨의 파트너가 될 기회를 얻게 된 것이다. 내 인생의 첫 번째 기회도 그렇게 우연히 찾아왔다. 어떻게든 야광 팔찌를 팔아보겠다고 하루 종일 여기저기를 뛰어다니며 온몸을 흔들어 대던 그 순간, 나의 열정과 끼, 그리고 성실함을 한눈에 알아본 사부가 나타난 것이다. 바로 야광 팔찌를 팔 자리를 아무런 대가 없이 내어준 그분이었다.

"너, 마이크 한 번 잡아 볼래?"

야광 팔찌를 훌훌 털어내고 개운한 마음으로 술을 마시는 자리에서 사부님의 뜻밖의 제안을 해오셨다. 알고 보니 사부님은 남대문에서 큰 액세서리 상가의 번영회장을 했던 분인데, 부동산 관련 투자건이 잘 풀리지 않아 소매업을 하고 있었던 것이다. 그런데 이분이 지하철역에서 어떻게든 물건을 팔아 보려고 공익근무요원과 역무원에게 몇 번이나 쫓겨나도 굴하지 않는 나를 대견하게 여기신 것이다.

사부님은 내게 남대문에서 쇼핑몰로 유동 인구를 유입시키게 위해 정문 앞에서 마이크를 잡고 멘트를 외쳐 보지 않겠냐고 제안하셨고, 나는 두말없이 승낙했다. 그 일에 대한 자신감을 따지기 이전에 호객하는 기술은 장사의 기본 중 기본이라는 생각이 들었다. 게다가 그 기술을 공짜로 배울 수 있는 좋은 기회가 생겼는데 마다할 이유가 없었다.

나는 다음날부터 남대문에 나가서 마이크를 잡기 시작했다. 백화점 앞 지하보도 안에 있는 수백 평이나 되는 매장으로 고객들을 불러들이는 것이 내가 맡은 일이었다. 막상 하겠다고 덤비기는 했지만 무엇을 어떻게 해야 할지 막막하기만 했다.

"도대체 무슨 수를 써야 저 많은 사람들을 이 안에 불러들일 수 있을까?"

아무리 생각해도 딱히 뾰족한 답이 나오지 않았던 나는 그저 남들 하듯 신장개업이라도 한 것처럼 화환을 갖다 놓고, 앰프를 설치하고 무작정 외쳐대기 시작했다.

"1석 2조에 꿩 먹고 알 먹고, 도랑 치고 가재 잡고, 마당 쓸고 동전 줍고! 자, 오시는 순간 불행 끝, 행복 시작입니다! 찐빵 속의 앙꼬, 붕어빵의 붕어. 남대문의 메카! 자~ 지금 이 자리에 오시는 여러분들께 행복 가득 담아 덤으로 얹어 드립니다!"

그래도 명색이 남대문 시장인데 동네 시장처럼 초보자 티가 나는 것이 싫어 나름대로 멘트도 만들었다. 아마추어는 아마추어인지라, 프로와 비할 바는 못 되었지만 내가 있을 때와 없을 때의 매출이 눈에 띄게 달라진다는 사실을 알았다.

"바로 이거다! 사람들을 매장으로 불러들이는 방법을 알면 어떠한 장사를 해도 망하지 않겠구나!"

그렇게 내 멘트에 매장으로 사람들이 몰리는 모습을 보며 절로 신이 나 일을 한 지 일주일이 지날 즈음 사부님이 나를 불렀다. 그리고 마이크 잡는 것은 이제 그만하고, 장사를 한번 해보는 것이 어떻겠냐고 제안해왔다.

"네? 정말요?"

우연한 인연을 계기로 나는 생애 첫 매장을 갖게 되는 기회를 얻었다. 물론 잠시 사부님의 매장을 맡아서 관리하는 것이기는 했지만, 어쨌든 나는 내 매장이 생긴 것처럼 기뻤다. 비록 지하철역의 한두 평 남짓한 조그마한 매장이었지만, 내 꿈을 몇 배로 성장시키기에 충분한 공간이었기 때문이다.

좋은 자리, 넓은 가게에서 기발한 아이템을 팔 수 있는 사람들은 발전을 위한 별다른 고민을 하지 않아도 된다. 하지만 보잘 것 없는 크기의 매장에, 너도 나도 할 것 없이 다 파는 경쟁력 없는 물건 등과 같은 부정적인 요소들이 많을수록 사람들은 그것을 극복하기 위한 노력들을 해야 한다. 나 역시 아침 10시부터 밤 10시까지 좁은 그곳을 쓸고 닦고 가꾸었다. 그리고 내 매장이라는 생각으로 문제점들을 하나씩 고쳐 나가고, 해보고 싶었던 기획들을 모조리 실천하는 일과를 보냈다. 게다가 나는 그 기간 동안 밥값 외에는 특별한 보수를 한 푼도 받지 않았다.

돌이켜 생각해 보면 내가 어떠한 대가도 받지 않았기에 더더욱 소신 있게 내 뜻을 펼칠 수 있었던 것 같다. 매장 디스플레이부터 판매 전략, 고객 관리에 이르기까지 모든 것이 내 자율이었다. 그래서 내 머릿속에 떠오르는 아이디어로 매장은 물론이고 판매하던 제품, 세일즈 기법에까지 마음껏 적용할 수 있었다.

공부를 하든 일을 하든 '한번 배워나 보지 뭐'라는 태도로는 이룰 수 있는 것이 별로 없다. 배우고 싶은 것이 있으면 사생결단을 낸다는 생각으로 죽을힘을 다해 임해야 한다. 그래야 비로소 그것이 내 것으로 체득된다. 남들처럼 월급도 받고 쉬는 시간이나 휴일도 챙겨가며 일을 배운다면 그는 주인이 아니라 점원이다. 그래서 점원의 역할, 딱 그만큼만 배우게 되는 것이다.

나는 내게 온 기회를 잡고, 그것을 성공의 발판으로 활용하기 위해 친구도, 애인도, 가족도 모두 뒤로 미뤄두었다. 오로지 사업만 생각했을 뿐이었다. 행여 다른 생각이 들려고 하면 에디슨의 말을 떠올리며 마음을 다잡았다.

"6천 번 이상의 식물 탄화 실험을 했고, 하루에 4시간씩 연구실에서 새우잠을 자며, 20시간씩 연구해 큰 발명을 했는데, 놀 것 다 놀고 잘 것 다 자고 할 것 다하면서 무언가 일이 안 된다고 하면 말이 안 되지!"

나폴레옹이든 링컨이든 처칠이든 세종대왕이든, 그 어떠한 위인들일지라도 그들의 하루에 사용한 시간은 우리와 같은 24시간이었다. 그 이상도 그 이하도 아니었다. 똑같은 하루를 어떻게 사용하느냐에

따라 24시간이 240시간처럼 사용되기도 하고, 2시간 40분처럼 사용
되기도 한다. 오늘 하루 내가 보낸 시간, 그 시간과 바꾸어 얻은 무언
가의 가치는 다름 아닌 내 인생에 있어서 하루에 해당하는 만큼의 목
숨과 바꾼 것이다. 내 하루치 목숨과 바꾼 것이 도대체 무엇이었는지
곰곰이 생각하다 보면 1분 1초라도 헛되이 보내는 일은 없게 된다. 또
한 매순간 성실함을 잃지 않는 사람은 기회라는 선물을 받을 확률도
그만큼 높아진다.

3천 원이 3만 원 되는 톡톡 뒤는 아이디어

　우리는 흔히 기회를 우연히 찾아오는 '행운'과도 같은 것이라고
여기기 쉽다. 하지만 곰곰이 생각해 보면 기회는 스스로 만드는 것에
가깝다고 할 수 있다. 반스가 에디슨의 사업 파트너가 될 수 있는 기
회를 얻고, 실제로 30년 동이나 파트너 관계를 유지할 수 있었던 것은
꾸준한 성실함이 만들어낸 것이었다.

　그런데 더 많은 기회를 얻기 위해서는 성실함, 즉 '열심히' 하는 것과
더불어 '잘'하는 것도 필요하다. 열심히, 그리고 잘하면 열심히만 하는
사람보다는 분명 더 많은 기회를 얻고, 더 많은 성과를 거두게 된다.

　그렇다면 어떻게 하는 것이 잘하는 것일까? 열심히 하는 것이 성실
함의 영역이라면 잘하는 것은 아이디디어의 영역이다. 21세기의 화

두가 '창의력'인 만큼 기발한 발상, 돋보이는 아이디어로 더 많은 기회를 만들어 가야한다.

일본 홋카이도에 있는 작은 동물원 아사히야마에는 1년에 5백만 명이 넘는 관광객이 찾아온다. 시골의 작은 동물에 이처럼 많은 관광객이 찾아올 수 있었던 것 역시 남들과는 다른 발상으로 기회를 열어 갔기 때문이다.

약 40년 전에 지어진 이 동물원은 볼거리가 부족해 해마다 관람객 수가 줄어들었고, 급기야는 문 닫을 위기를 맞게 된다. 이때 10여 명의 사육사들이 회생의 기회를 모색했고, 마침내 기발한 아이디디어로 폐쇄의 위기를 모면한 것은 물론이고 수많은 관광객까지 불러 모으게 된다.

시멘트 바닥으로 만든 사육장에 펭귄을 풀어 놓은 일반적인 동물원과는 달리, 아사히야마 동물원에서는 물고기를 잡고 헤엄을 치는 펭귄 본연의 모습을 보여 주기로 했다. 그리고 이러한 모습을 가장 효과적으로 보여 주기 위해 아래에서 위로 올려다보는 수중 터널을 생각해 냈다. 이런 기발한 아이디어로 탄생한 것이 바로 아사히야마 동물원의 명물 '하늘을 나는 펭귄'이다. 머리 위의 수중 터널을 올려다보면 펭귄들이 헤엄치는 모습이 마치 하늘을 날고 있는 것처럼 보여서 붙여진 것이다.

똑같은 조건에서 경쟁자들과는 다른 차별점을 만들어 가는 노력은 세일즈의 세계에서도 단연코 그 빛을 발한다. 예컨대 옷가게들이 우르르 몰려 있는 골목에서도 잘되는 집은 언제나 정해져 있다. 제품의 차별화는 기본이며, 눈에 확 들어오는 디스플레이, 감동적인 고객 서비스 등으로 고객의 눈과 마음을 사로잡는 바로 '남들과 다른' 가게다.

같은 물건을 팔더라도 남들과는 다르게 팔아야 손님을 끌 수 있다는 차별화 전략은 지하철역 좋은 매장에서도 어김없이 그 위력을 발휘했다. 당시 매장에서는 원석을 가공하여 만든 액세서리에 연예인의 이름을 붙인 일명 'ㅇㅇㅇ귀걸이, ㅇㅇㅇ목걸이' 등을 판매하고 있었다. 처음에는 공장에서 제조한 것만 팔다가 어느 날 '내가 직접 파는 건 어떨까?'라는 생각을 하게 되었다. 부족한 솜씨지만 잡지나 인터넷을 보며 디자인을 연구한 덕분에 손님들에게 좋은 반응을 얻었다. 그리고 아이디어의 한계가 드러날 즈음 다시 새로운 궁리를 하게 되었다.

'그래. 고객이 원하는 대로 만들어 보자!'

여성들은 값 비싼 보석이 아님에도 유난히 애지중지하는 액세서리가 있다. 소중한 사람에게 선물을 받았다거나, 남들에게는 없는 특이한 것일 때 더욱 소중하게 여긴다. 그래서 세상에 단 하나뿐인 나만의 액세서리에 대한 소중함과 기쁨은 생각보다 크다.

예상대로 고객이 직접 디자인하는 액세서리는 인기를 끌었다. 하지만 일일이 즉석에서 만들다 보니 힘은 힘대로, 시간은 시간대로 많이 드는 문제가 발생했다. 궁리 끝에 나는 명함을 만들기로 했다. 등굣길이나 점심시간에 잠깐 들른 손님들에게 미리 주문을 받고 명함을 주면서 하굣길이나 퇴근하는 길에 찾아가도록 한 것이다.

아침에 자신이 디자인한 귀걸이를 주문해 놓고 간 학생은 하굣길이 되면 어김없이 친구들을 데리고 왔다. 그러면 나는 친구들과 함께 온 그 학생에게 물건을 전달하면서 감사의 뜻으로 요술 풍선을 만들어 주었다. 만들기도 어렵고 시간도 많이 걸리는 '벅스 바니'를 만들며 시간을 끌었다. 시간이 흐른 동안 따라 온 친구들은 이것저것 구경을 하게 되고, 그것이 구매로 이어지기도 했다. 게다가 예쁜 풍선을 선물로 받은 학생은 고맙고 미안한 마음에 또 다시 구매를 하기도 했다. 3천 원으로 끝날 매출이 순식간에 10배로 올라가는 순간이었다.

남들과 같은 평범하게 생각하고 행동하면 평범한 결과만 나온다. 하지만 남과 다른 차별화된 생각과 행동을 추가적으로 덧붙이면 그 결과 또한 플러스알파가 도출된다. 지금의 결과가 만족스럽지 못할 때, 혹은 더 나은 결과를 원할 때 조금 색다른 아이디어로 차별점을 찾아야 한다.

꿈과 열정만한
밑천은 없다

대학교로 특강을 나가면 나는 학생들에게 많은 질문을 한다. 그 중 가장 우선적으로 묻는 질문이 꿈에 관한 것이다.

"여러분들 꿈이 있습니까? 여러분들의 꿈은 무엇입니까? 그 꿈을 이루기 위해 어떠한 노력을 기울이고 있나요? 적어 놓고 늘 바라보며 꿈을 상기시키고 있나요?

'꿈이 있는가, 꿈이 있다면 과연 얼마나 구체적인 꿈을 품고 있는가, 또 그 꿈은 얼마나 열정적인가'라는 질문에 그들은 과연 어떤 대답을 할까? 가슴 가득 무한한 가능성을 품고 누구보다 크고 희망찬 꿈을 꾸어야 할 20대, 그들의 입에서 나온 대답은 생각보다 실망스럽다.

"꿈을 꾸기엔 너무 늦었어요. 꿈은 꿈일 뿐이지요. 현실은 냉혹하

네요.”

입시 지옥에서 벗어나 자유를 얻었다지만 알고 보면 더 험난한 취업 지옥을 향해 달려가고 있는 그들은 꿈을 꾸는 대신, 당장 코앞에 닥친 학점과 토익 점수를 계산하며 골머리를 썩고 있다. 국내 최고의 수재들이 모인 명문대학을 가서 물어 봐도 대답은 마찬가지다. 취업 ‘스펙’ 쌓기에 열중인 나머지 미래에 대한 청사진을 그리며 인생 설계를 체계적으로 할 여유가 없는 것이다.

섭씨 40도가 넘는 황량한 사막의 한 가운데에서 스키를 타는 곳, 야자수 모양을 본 딴 세계 최대의 인공섬 건설로 해안선의 20배를 늘이고, 지상 160층에 달하는 세계 최고의 초고층 빌딩이 들어서며, 세계 최대의 오락단지가 들어선 꿈의 도시 두바이. 두바이는 그 명성에 걸맞게 세계 최고의 부자들이 오로지 돈을 쓰기 위해 몰려드는 곳이다.

불과 20여년 전만 해도 인구 백 만 명도 채 안 되는 작은 어촌 마을에 불과했던 두바이가 오늘날 전 세계인의 이목을 집중시킬 수 있었던 것은 위대한 리더 한 사람의 꿈 때문이다.

“불가능이란 없다. 단지 상상하지 못할 뿐이다”라고 말하는 두바이의 리더 세이크 무하마드Sheikh Mohammed는 더 많이 상상하고 더 많이 꿈꾸는 것이 더 많은 것을 이룰 수 있는 비법이라는 것을 안다. 그래서 ‘세계 최초! 세계 최대! 세계 최고!’라는 슬로건을 내세워 세계적 행진을 멈추지 않는 두바이에게 전 세계가 기적을 이루었다는 찬사를 아끼지 않고 있음에도 정작 그는 "아직 나는 내가 꿈꿔 오던 것의 10%도 보지 못했다"라고 말한다.

꿈을 품고, 꿈을 그리며 그 꿈을 간절히 열망하면 꿈은 이루어진다. 꿈에 대한 열망이 강할수록 내 속의 모든 세포들이 그것을 이루기 위해 움직이기 때문이다.

"목표가 확실한 사람은 아무리 거친 길에서도 앞으로 나갈 수 있지만, 목표가 없는 사람은 아무리 좋은 길이라도 앞으로 나갈 수 없다"라는 토마스 칼라일Thomas Carlyle의 말을 되새겨보라. 그러면, 꿈도 목표도 없이 남들이 만들어 놓은 길을 따라가는 사람들은 한 걸음을 내딛어도 결코 전진하는 걸음이 되지 못한다.

텅 빈 호주머니를 열정으로 채우다

꿈과 열정은 불가능한 것을 가능하게 만들어 주는 힘이 있다. 무일푼이었던 내가 꿈과 열정을 담보로 사람을 얻고, 제품을 얻으며 가게를 얻은 것만 봐도 그것의 가치가 얼마나 대단한 것인지 알 수 있다.

풍선을 이용한 매출 확대, 명함을 활용한 단골 관리, 주문제작, 자체 제작, 끼워 팔기 등 내가 알고 있던 온갖 판매 방식을 동원한 끝에 지하철역의 좁은 매장은 그야말로 대박이 나고 있었다. 하지만 아무리 대박이 나도 내 것이 아닌 이상 적절한 때에 하산하는 것이 옳다고 생각했다.

"사부님, 한 달 남짓 사부님께 많은 것을 배웠습니다. 아무것도 모르는 저를 잘 이끌어 주시고 키워 주셔서 감사합니다. 저도 이제 장사를 시작하려고 합니다. 많이 부족하지만 응원해 주시고 격려해 주세요."

"어디서든 자네가 지금과 같은 꿈과 열정만 품는다면 분명히 성공할 걸세."

하산 아닌 하산을 하며 나는 마지막으로 사부님의 진심어린 고언을 가슴에 새기며 다시 냉철한 사회로 뛰어들었다. 하지만 무일푼의 젊은 이에게 현실은 여전히 냉혹했다. 새로운 사업에 대한 열망만 가득했지 밑천이라고는 아무것도 없는 나를 반겨주는 곳은 그 어디에도 없었다.

그러다 문득 '사람도 자산'이라는 생각이 들었다. 꼭 물질적인 도움이 아니더라도 중요한 정보나 조언 등은 분명히 좋은 인맥을 통해 얻을 수 있는 소중한 자산이라는 생각이 든 것이다. 나는 그동안 사부님과 함께 한두 번 들러 봤던 곳들을 다시 방문해 인사하며 얼굴 도장을 확실히 찍었다. 사무님의 대인관계가 워낙 좋아서였는지 나를 기억해 주는 곳이 생각보다 많았다.

그렇게 며칠 여기저기 돌아다니며 이곳저곳에서 얻어 들은 정보들은 장사에 대한 의지를 더욱 불태우게 했다. 그러다가 나는 그동안 꾸준히 연락을 드렸던 거래처들 중에서 사부님과 같이 방문했을 때 젊은이가 이런 고생스러운 일을 한다며 기특하게 생각해 주셨던 사장님 한 분을 찾아가 도움을 청해 보기로 결심했다.

"사장님, 오랜만에 뵙습니다. 저 기억하시나요? 예전에 한 사장님과 들렀던 청년입니다. 안녕하셨습니까?"

"아이고, 그때 그 총각이고만, 어떻게 혼자 왔어?"

다행히 이 사장님은 나를 반갑게 맞아 주셨고, 덕분에 나는 용기를 내어 찾아온 용건을 말할 수 있었다.

"네, 사장님! 장사하고 싶어서 왔습니다."

"그래? 그럼 장사해야지. 허허. 열심히 해봐! 젊으니까 잘할 거야! 그건 그렇고 뭐를 팔고 싶은가?"

당시 3천 9백 원짜리 여름 헝겊 가방이 큰 인기가 있던 때였다.

"가방 좋지! 그래, 돈은 얼마나 갖고 왔는가?"

짧은 대화였지만 한 사장님은 나의 의중을 꿰뚫어 보기라도 한 듯 대뜸 자본이 얼마나 있냐고 물으셨다.

"사장님, 제가요. 사실 지금은 돈이 없습니다."

"허허. 그런데 어떻게 장사를 하려고?"

"사장님! 제게는 꿈과 열정이 있습니다!"

나는 부끄러움을 무릅쓰고 큰 소리로 대답했다. 너무나 염치없는 말이었지만 당시로써는 가장 솔직한 대답이기도 했다.

"사장님! 한 번 도와주십시오! 사장님께서 처음 품으셨던 꿈과 열정을 떠올리시고, 한 번 기회를 주십시오! 제게는 꿈과 열정이 있습니다.

"허허! 최 부장, 이거 이 친구가 지금 나더러 꿈과 열정이 있다고 한 번 도와 달라고 하는데, 이걸 어째야 하나. 이것 참….."

다행히 사장님은 단박에 거절하지는 않았다. 나는 단 1%의 가능성이라도 붙잡기 위해 더욱 간절하게 매달렸다.

"사장님! 속는 셈 치고 한번 믿어 주십시오. 저를 믿으신다고 무슨 일 있겠습니까? 부탁드립니다."

길거리에서 연필 팔고, 물 팔고, 야광 팔찌를 팔면서 익힌 실력으로 나는 다시 한 번 얼굴에 철판을 깔고 들이 밀었다. 그 결과 사장님은 결국 내 손을 들어 주었다. 물론 이 한 번의 만남으로 일이 성사된 것은 아니다. 예전에 사부님과 장사를 하면서 알게 된 거래처였고, 처음 인사하면서 받은 명함을 소중히 간직하며 꾸준히 연락을 했던 덕분에 좋은 인상을 남겼던 것이다. 게다가 갈 때마다 허드렛일이라도 돕겠다고 빗자루를 잡고 청소까지 마다하지 않으니 성실한 청년이라며 늘 반겨주었다. 그러다가 이제 독립을 하겠다고 불쑥 찾아갔어도 지금까지 쌓아온 좋은 이미지 때문에 도움을 주기로 한 것이다.

"저기 저 위에 올라가면 가방을 출고하는 데가 있는데, 내 이름 대고 가서 물건 갖고 가게. 알아서 잘 해줄 거야."

"예, 감사합니다! 열심히 하겠습니다."

나는 몇 번이고 머리를 숙이며 감사하다는 말을 했다.

“근데 장사는 어디서 할 생각이야?

“젊음과 열정이 있는데 어딘들 못하겠습니까? 우선 길거리에서 노점으로 시작해 볼까 합니다.”

“아이고, 그러면 물건 상한다고 누가 좋아해. 그러지 말고 내가 조그만 매장을 하나 줄 테니까 거기서 해. 그리고 물건 값은 한 달 뒤에 갚아.”

꿈과 열정 덕분에 돈 한 푼도 없이 물건도 얻고, 자리도 생기게 되었다. 남은 것은 열심히 하기만 하면 되는 것이었다.

당장 손에 쥔 것이 없다고 정말 무일푼인 것은 아니다. 젊음이 있고 건강한 몸이 있고, 꿈과 열정이 있다. 그리고 이 모든 것이 사람들이 탐내는 귀한 자산이다. 빈 호주머니를 툭툭 털어가며 그냥 막막함에 주저 앉아서 멍하니 시간만 보냈다면 나는 한 사장님과 같은 소중한 인연을 얻게 되지도 못했을 뿐더러, 내가 가진 꿈과 열정의 가치 또한 제대로 평가받지 못했을 것이다.

한 평짜리 매장의 교훈

꿈과 열정, 그리고 악착같은 뚝심으로 가방 장사를 시작한 곳은 지하철 5호선 길동역의 조그마한 매장이었다. 지상으로 올라가는 계단 바로 밑에 위치해 있던 그곳은 1평 남짓 되는 초소형 매장이었지만 나의 꿈을 실현시키기에는 부족함이 없었다.

드디어 장사 첫 날! 없는 돈이지만 근처의 떡 가게에서 떡을 사와 돌렸다. 역무실에도 돌리고 손님들이 오면 나눠 주기도 했다. 비록 빚으로 시작한 작은 가게이지만 작은 것 하나라도 최선을 다하고 싶은 마음에서 나는 계단을 오르내리는 사람들에게도 떡을 하나씩 손에 쥐어 주었다.

손님이 없는 틈을 타 가게 안의 물건 진열에 대한 고민도 했다. 물건을 욕심껏 가져온 탓에 좁은 가게 안은 아무리 정리해도 어수선해 보였다. 머리를 굴리다가 결국 찾아낸 방법이 매장 바로 앞 공간들을 무단 점유하는 것이었다. 여기저기에서 합판과 다리를 끌어 모아 가게 앞에다 턱하니 세워 놓고, 융까지 깔아 놓고 보니 그야말로 멋진 판매대가 탄생되었다. 나는 그 판매대에 대거 물건을 부어 놓기 시작했다. 그리고는 손님들이 오가며 쉽게 들춰볼 수 있도록 일부러 흩트려 놓기도 했다.

그런데 얼마 지나지 않아 부역장님이 올라오셨다. 가게 밖으로 매대를 빼는 것은 원칙상 불가능하다는 것이었다.

"이렇게 하면 안 되니 빨리 치우게."

부역장님은 아들 같은 사람이 이러면 쓰냐며 매대를 얼른 치우라고 엄포를 놓았지만 나는 물러설 수가 없었다. 나는 최대한 연민을 불러 일으키며 부탁했다.

"아들 같은 사람이 열심히 살아보려고 대학도 복학 못하고 이러고 있습니다. 제발 사정 한번만 봐주시고, 학교로 돌아갈 수 있게 조금만 도와주십시오."

그렇게 통사정을 하면서 부탁한 끝에 결국 허락을 받게 되었다. 이후로도 나는 시간만 나면 각종 간식과 음료수 등을 챙겨서 부역장님을 뵈러 갔다. 매대를 설치하게 해준 데 대한 감사한 마음도 있었지만 아버지 같은 분에게 좋은 말씀을 듣는 것도 즐거운 일이었다.

부역장님은 '웃는 낯에 침 못 뱉는다'는 말처럼 사근사근 공손하게 행동하는 나를 잘 보셨는지, 때로는 매대를 과하게 설치해도 그냥 모른 척 해주셨다.

원리와 원칙을 중요시하지만, 세상 돌아가는 것은 다 사람의 일이라 사람과의 관계가 무엇보다도 중요하다. 무조건 안 되는 일, 원래 안 되는 일 같은 것은 없다. 우리 회사 구호 중에 "안 되면 되게 하라"는 말이 있다. 일이라는 것이 수학 공식처럼 정해진 규칙에 따라 이미 결정되어 있는 답이 나오는 것이 아니지 않는가. 누가 어떻게 하느냐에 따라 그 성과가 천양지차로 나는 것이 바로 사람 사이의 일이다.

나는 길동역 매장을 거점으로 사업의 기초를 다져야만 했기에 사업 시작의 난관은 어떻게든 극복해야 했다. 분명한 목표를 세우고 나니 자리의 협소함, 주면의 텃세, 역무원의 단속 등은 더 이상 장애가 되지 않았다. 그것은 어떻게든 나의 노력으로 해결해야 하는 과제가 된 것이다.

미국 소매상협회 조사결과에 따르면 물건을 판매할 때 세일즈맨 중 48%는 단 한 번 권유하고 포기한다고 한다. 두 번 권유하는 사람은 25%, 그리고 세 번 권유하는 사람은 15%였다. 세일즈맨 중 12%만이 네 번 이상 권유한다고 응답했는데, 놀랍게도 이렇게 네 번이 이상 권유한 12%의 세일즈맨이 전체 판매량의 80% 이상을 차지하고 있다고 한다.

결국 더 많이 노력하고 더 많이 도전하며 절대 포기하지 않는 사람만이 목표를 이루고, 꿈을 이루는 것이다. 따라서 자신의 꿈을 이루기 위해서는 때로는 굽힐 줄도 알고, 때로는 통사정도 하며 상대방의 마음을 움직일 줄도 알아야 한다. 그런 조그마한 차이로 인해 나타나는 결과는 어마어마할 수도 있는 것이 우리의 인생사다.

절대 포기하지 마라!

"여러분, 발명왕 에디슨을 생각해 보십시오. 얼마나 실패를 많이 했습니까? 그러나 그가 포기했나요?

성공 세미나에서 강사가 수강생들을 향해 물었다.

"포기하지 않았습니다."

수강생들이 대답했다.

"비행기를 처음 만든 라이트 형제도 실험에서 많은 실패를 했습니다. 라이트 형제가 포기했습니까?

"포기하지 않았습니다."

"멕키스트가 포기했을까요?

강사가 물었다. 그런데 수강생들은 고개만 갸웃거리며 가만히 있었습니다. 그 때 한 사람이 물었습니다.

"강사님 멕키스트가 누구입니까?

강사가 대답합니다.

"멕키스트는 포기한 사람입니다."

뜨겁게 타오르는 열정보다 더 중요한 것은 열정의 온도를 꾸준히 유지하는 것이다. 20대의 젊은이들은 너나없이 불같이 타오르지만 그 열정의 크기만큼이나 빠르게 꺼지고는 한다. 하지만 역사는 포기한 사람을 기억하지 않는다. 하루만 지나면 성공할 것처럼 설레는 마음으로 오늘도 120%의 열정을 태워야 한다.

세상에 나의 꿈을 소리치다

준비된 열정으로 꿈을 이뤄라

언제나 간절하게
마음을 다하라

10대에 창업한 사람의 이야기가 종종 들릴 정도로 20대 창업은 더 이상 새롭지 않은 시대가 되었다. 하지만 내가 사업을 시작하던 때만 해도 20대에 창업하는 일은 흔한 일이 아니었다. 대부분 모험과 도전보다는 안정적인 길, 남들이 만들어 놓은 길을 선호했다.

그래서 군대를 제대하고 복학이 아닌 길거리 창업을 선택한 나를 보며 부모님은 물론 친구들까지 모두 어이없다는 반응이었다.

"드디어 네가 미쳤구나!"

미쳤다는 이야기를 들으면서도 나는 내 생각을 굽히지 않았다. 오히려 '미쳐야 미친다'는 말을 떠올리며 정말 제대로 미쳐볼 각오를 다졌다.

불광불급^{不狂不及}, 미치지 않으면 미치지 못한다. 즉 '완전히 그 속에 빠지지 않고서는 최고의 경지에 이를 수 없다'는 이 말은 공부를 함에 있어서도, 일을 함에 있어서도, 심지어 게임을 함에 있어서도 만고의 진리로 통한다.

"자기 일에 미치지 않은 사람이 성공한 예를 나는 본적이 없다"는 철강왕 앤드큐 카네기의 말처럼, 한 분야에서 성공의 대가로 불리는 사람들 중에 그 일에 미치지 않았던 사람은 없다. 파브르는 곤충에, 빌 게이츠는 컴퓨터에, 에디슨은 전기에 미쳐 있었다. 결국 자신의 일에 미친 듯한 열정을 쏟아낸 사람만이 꿈을 이루고 성공을 거둘 수 있는 것이다.

물론 목표를 향해 열정적으로 달려가다 보면 잃는 것들도 분명 생긴다. 하지만 간절히 원하는 하나를 얻기 위해 그와 대치되는 다른 열 가지를 버릴 수 있는 용기야말로 진정한 열정이다. 나는 사업의 성공을 위해 이성 교제, 친구 관계, 학력, 학점 등 많은 것을 뒤로 미루어 두었다. 물론 노력하기에 따라 챙길 수 있는 부분도 있겠지만, 선택의 상황에서는 언제나 그것들은 2순위로 밀려난다. 모든 것을 함께 잘하기란 매우 어렵기 때문이다.

흔히들 '하고 싶은 것만 하고 살기에도 인생은 너무나 짧다'고 말한다. 나 역시 같은 생각이다. 하지만 여기서 '하고 싶은'의 기준이 단순한 즐거움이 되어서는 안 된다. 나를 미치게 하는, 자기 안의 열정에 불을 댕기는 '간절함'이 있어야 한다. 그것이 바로 꿈이며 목표다.

안 팔리는 물건도 팔리게 하라

한 가지에 꽂혀 열정을 쏟아냈던 경험은 나중에 무슨 일을 하든 또 다시 열정을 뿜어낼 수 있게 하는 성공 DNA로 자리 잡는다. 거슬러 올라가 보면 고등학교 3학년 수능시험을 치른 후, 나 역시 한 가지에 제대로 미쳤던 적이 있다. 그리고 그때의 경험은 내 인생의 터닝 포인트가 되어 10년이 지난 지금도 열정을 뿜어내게 하는 강한 동력이 되고 있다.

수능이 끝나자마자 나는 평소 공부 때문에 멀리했던 게임에 흥미를 갖기 시작했다. 그중에서도 '스타크래프트'라는 게임은 나의 온 신경을 빼앗아 가기에 충분할 정도로 매력적이었다. 전략과 전술이 승패를 좌우하고, 노동을 통한 자본 축적으로 영역을 넓혀가고 절제절명의 순간에도 새로운 영역 개척에의 희망을 놓지 않는 등, 이 모든 것이 내 속의 숨은 열정을 이끌어 내기에 충분했다.

당시 나는 하루에 4시간 정도 잠을 자면서 나머지 시간의 대부분을 스타크래프트에 열중했다. 컴퓨터를 상대로 혼자 연습을 하기도 하고, 때로는 프로게이머들과 접전을 벌이기도 했다. 대학에 진학한 이후로도 나는 스타크래프트의 재미에서 벗어나지 못했고, 결국 제대로 한번 미쳐 보자는 결심 하에 최고의 경지를 향해 돌진하게 되었다. 그 덕분에 나는 고려대학교 스타크래프트 선수 대표가 되어 사이버 고연전 초대 우승자 타이틀을 따냈다. 그리고 외국의 유명한 프로게이머 기욤 패트리와의 1대 1 게임에서 승리를 차지하기에 이르렀다.

게임을 통해 최고의 경지를 경험한 나는 스스로 하산을 결심했다. 프로게이머가 꿈이 아닌 이상 적당한 선에서 물러날 줄도 알아야 한다는 생각에서였다. 물론 지금은 키 조작조차 서툴 정도로 게임에서 멀어졌지만, 당시 내 속에서 뿜어내던 미친 듯한 열정만큼은 10년이 지난 지금도 고스란히 간직하고 있다. 그 덕분에 사업이 힘들거나 영업이 잘 안 되어 매출이 오르지 않으면 초심을 생각하고, 스타크래프트에 미쳐서 하루 4시간의 수면으로 버티던 그때의 열정을 떠올린다. 이 잠시의 회상은 내가 선택한 아이템에 대한 연구에 더욱 열중하게 해준다. 그런 의미에서 볼 때 당시 내게 스타크래프트는 아이템에 대한 열정을 깨우쳐 주기에 더 없이 좋은 매개체였던 셈이다.

사업에서 좋은 아이템의 선정은 아주 중요한 요소이다. 그러나 그에 못지않게 중요한 것이 바로 아이템에 대한 확신이다. 자신이 선택한 아이템에 대한 강한 확신으로, 완전히 그것에 미쳐야만 고객을 설득할 수 있기 때문이다. 나 역시 '칠전팔기'라는 말처럼 여러 번 고꾸라졌다가 다시 일어나는 오뚝이 비즈니스를 하면서, 한 번도 내가 선택한 아이템에 대해 미치지 않았던 때가 없다. 판매자 스스로가 '이것은 될 것이다!'라는 강한 확신과 믿음이 있어야만 고객 앞에 당당히 나아갈 수 있고, 자신 있게 프러포즈도 할 수 있는 것이다.

판매 아이템에 대한 철저한 분석으로 아이템에 대한 확신을 갖는 경우도 있지만 더러는 직관, 즉 우리가 흔히 말하는 '필Feel'에 의해서도 아이템은 선택할 수 있다.

2005년 초봄, 서울의 백화점 앞 지하철역에서 바람을 넣는 튜브 형식의 소파를 판매하는 노점을 보게 되었다. 알록달록한 색상도 눈길을 끌었지만, 바람을 빼면 부피가 줄어들어 이동하기에도 편리하고, 바람을 넣으면 그야말로 편안하고 안락한 소파로 변신하다는 것이 가장 큰 장점이었다. 게다가 가격 또한 저렴해서 누구나 쉽게 구매할 수 있을 듯했다. 나는 이거다 싶은 확신이 생겨 소파를 팔던 사장님께 이것저것 물어보았다. 그런데 그 사장님의 답은 내가 기대했던 것과는 전혀 달랐다.

"이거 별로예요. 나도 이것만 팔고 그만 팔려고요."

그분은 한숨을 내쉬며 속사정을 털어 놓았다. 소파 안에 들어가는 공기 튜브가 불량이 너무 많아 판매한 물건에 대해 클레임이 자주 들어온다며, 팔면서도 '혹시나 반품이 들어오지 않을까?' 하는 스트레스에 시달려야 하니, 그 아이템을 포기하겠다는 것이었다. 게다가 그 아이템을 판매하던 다른 분들도 공기 튜브의 불량 때문에 판매를 포기하는 경우가 속출한다고 했다.

이쯤 되면 나 역시 튜브 소파 판매를 포기해야 옳겠지만 어쩐 일인지 내 속에서는 안 되는 이유보다 되는 이유들만 계속해서 생각났다. 불량에 대한 것은 미리 고객에게 상황 설명을 하면 될 것이고, 사후 서비스나 교환에 대해 철저하게 책임져 준다는 정신으로 임한다면 딱히 스트레스를 받을 것도 없다는 생각이 들었다. 게다가 모두가 기피하는 아이템이니 그야말로 독점까지 할 수 있는 좋은 기회라는 생각이 들었다.

예상대로 소파는 큰 관심을 끌었다. 하지만 고객들은 여전히 튜브의 안정성에 대해 많이 염려하는 눈치였다.

"이 소파는 중국에서 생산된 물건입니다. 사람이 하는 일이다 보니 불량이 생기는 것은 어찌 보면 자연스러운 일입니다. 그 대신 이 설명서대로 사용하시면 고장의 위험을 줄일 수 있습니다."

나는 불량률을 줄이고 안전하게 사용할 수 있는 방법을 설명서로 제작해서 소파를 팔 때 고객에게 함께 건넸다. 그리고 나를 돕던 판매원 모두에게 명함을 만들도록 하여 고객들에게 나눠 주라고 했다. 지하철에서 소위 '지하철 떴다방'을 하면 뜨내기 잡상인이라 여겨 고객이 제품에 대한 신뢰를 쉽게 갖지 못하게 때문에 명함을 나눠 주게 한 것이다. 또한 혹시라도 제품에 하자가 생겨서 사용을 못할 경우 튜브를 무료로 보내도록 하는 일종의 품질보증제도도 함께 시행했다. 아이템에 꽂힌 이상 장애 앞에서 물러서기보다는 방법을 찾고 길을 만들어 가기로 한 것이다.

이러한 노력들 덕분에 튜브 소파는 서울뿐만 아니라 부산에서도 대 히트를 치는 성과를 안겨 주었다. 비록 길거리에서 판매하는 노점이고 남들이 이러저러한 이유로 기피하는 제품이었지만, 나름대로 해결책을 강구해 판매를 시도하는 남부럽지 않은 효자 상품이 된 것이다.

세일즈맨은 담이 커야 한다

노점을 하던 시절부터 종종 "도대체 그 담대함은 어디서부터 나오는 것이냐"는 말을 듣곤 했다. 나의 담대함, 즉 뻔뻔스러움은 타고난 성격이기도 하지만 부단한 노력으로 갈고 닦은 노력의 결실이기도 하다.

타고난 성격이 밝고 활달한 탓에 나는 어린 시절부터 무슨 일을 하든지 앞에 나서는 것을 좋아했다. 대학 1학년, 그렇게 꽂혀 있던 스타크래프트에서 하산을 결심할 즈음 나는 내 가슴을 펄떡거리게 하는 새로운 아이템에 꽂히게 되었다. 바로 응원단이었다. 우리 학교는 타 학교 학생들이 보면 미쳤다고 얘기할 정도로 학년 초에 술을 마시고, 길거리에서 단체로 노래를 부르며, 응원 아닌 응원을 해대는 풍습이 있었다. 학교를 떠나온 지 하도 오래되어 지금은 어떤지 모르겠지만 어쨌든 내가 학교를 다니던 1999년 당시에는 그랬다.

어릴 적부터 노는 것에는 일가견이 있었던 내게 그 풍습은 한마디로 충격이었다. 그 중에서도 특히 응원하는 모습에 완전히 꽂혔던 나는 틈만 나면 나서서 응원했다. 그리고 급기야는 응원단에 가입하리라는 결심을 굳히게 되었다.

"네가 컴퓨터에 매달려 무언가 하루 종일 두드리며 횡설수설하더니, 드디어 미쳤구나."

하루 종일 스타크래프트에 미쳐 있던 내가 갑자기 응원단을 하겠다고 하자 아버지는 당연히 노발대발하셨다.

"그 따위 딴따라를 하면서 무슨 놈의 공부를 해!"

딴따라라고 치부하며 응원단 입단에 대한 의지를 꺾는 것으로도 모자라, 아버지는 기어이 저녁 8시를 통금시간으로 제한하기에 이르렀다.

"아버지, 그렇다면 1학년 동안만 하겠습니다. 그리고 응원단 활동을 하는 1년 동안 공부도 게을리 하지 않겠습니다. 그리고 2학년부터는 더 열심히 공부해서 좋은 점수를 받겠습니다."

강력한 의지로 아버지를 설득한 끝에 결국 나는 응원단 내의 태스크포스Task Force 팀 특수 응원단인 영타이거즈Young Tigers에 들어가게 되었다.

응원단 활동은 단순한 즐거움 외에도 내가 많은 것을 배우고 깨우치게 되는 계기가 되었다. 응원에 미쳐 있는 동안 나는 남들 앞에 당당하게 나서서 내 이야기를 할 수 있는 담대함이 생겼다. 그리고 응원에 동참하지 않는 사람들까지도 같이 이끌어 나갈 수 있는 리더십을 깨닫기 시작했다. 또한 각종 대회를 휩쓸면서 한 가지 일에 집중하면 놀라울 만큼의 성과가 나타난다는 것도 깨닫게 되었다.

그때 쌓아둔 리더십과 담력 덕분에 길거리에서 노점상을 하고, 지하철에서 떴다방을 하며, 방문 판매를 하고 영업을 하며 19명의 직원들과 함께 사업을 할 수 있었다.

열정은 그냥 만들어지는 것이 아니다. 목표하는 것을 이루어 내고자 하는 과정에서의 노력으로 열정은 싹을 틔우고 조금씩 커가는 것이다. 10년에 가까운 세월이 흐른 지금 나는 많은 사람들 앞에서 강연을 한다. 이 모든 것은 대학시절 응원단으로 활동하며 싹 틔웠던 열정이 거름이 되어 내 속에 담대함을 자리 잡게 했기에 가능한 일이다.

독서는
세일즈맨의 무기다

꿈과 목표를 분명히 정했다면 무작정 돌진을 외치는 용기와 결단도 좋겠지만 먼저 자질을 갖춰 두는 것이 더 중요하다. 취업을 위해서도 학업을 통한 스펙 쌓기가 중요하듯 비즈니스를 위해서도 배움은 필수적인 요소다. 특히 독서를 통한 간접 경험은 세상을 보는 눈을 키워주고, 생각의 폭을 넓혀준다. 이렇게 꿈과 목표를 이루기 위한 지도를 준비할 때 더 멀리, 더 크게 판을 그릴 수 있는 힘을 준다.

일본 소프트뱅크 회장이자 일본의 최고 자산가 손정의는 간염 때문에 병원에 입원했을 때 무려 4천 권이나 되는 책을 읽은 것으로 유명하다. 당시에는 간염 치료제가 없어 장기간 입원 치료를 해야 하는 실정이었는데, 자칫 힘들고 지루해지기 쉬운 이 기간을 그는 책을 읽으며 자신을 재충전하는 시간으로 활용한 것이다. 그는 독서를 통해 삶에의 의지와 미래에 대한 열정을 더욱 키울 수 있었다.

독서는 내게도 인생을 바꾸어 놓은 좋은 전환점이 되었다. 군대 시절, 화장실에서 종종 마주치던 석 달 후임이 있었는데, 시간만 나면 화장실에 몰래 숨어 책을 읽는 특이한 친구였다. 이 친구를 가만히 살펴보았더니, 하루가 가고 이틀이 가도, 한 달이 가고 두 달이 가도 계속해서 틈만 나면 책을 읽는 것이었다. 힘든 군대 생활에서 짬을 내어 책을 읽는 것도 놀라운 일이었지만, 무엇보다도 나를 놀라게 한 것은 그 친구의 한결같은 모습이었다. 몇 달이 지나도 처음과 같은 모습으로 우직하게 독서하는 모습에, 정말 미련하다는 생각이 들 정도였다. 하루는 그 친구에게 왜 그렇게 책을 많이 읽느냐고 물었다.

"사회에 나가서 성공하려면 많은 지식을 쌓아야 합니다. 온갖 서적을 통하여 꾸준히 자신을 갈고 닦은 자는 전문성을 갖추게 되며, 항상 두각을 나타내기 마련입니다. 그래서 저는 시간이 나는 대로 책을 읽습니다."

참으로 모범적인 대답이라 허허거리며 웃기만 했는데, 나는 그 친구를 통해 역경을 딛고 자기 경영에 매진하는 마인드, 항상 개선하려고 노력하는 자세, 무언가 하나에 집중하면 끝을 보는 열정 등을 알아갔다. 그리고 어느 순간 나 역시 그 친구를 닮아 가고 있었다.

나는 군대라는 열악한 환경에도 불구하고 독서라는 큰 모험을 감행하면서 지식 그 이상의 것들을 알아갔다. 그리고 그것들은 꿈을 향해 달리던 7년의 세월 동안 나를 강하게 이끌어 주고 붙잡아 주는 무형의 자산이 되었다.

내 인생의 전환점이자 커다란 변화를 불러일으킨 독서는 바로 사업에 대한 꿈으로 이어졌다. 사실 그동안 "도대체 무엇 때문에 그렇게 좋은 학벌을 포기하고 길거리에 나서는 거야?"라는 질문을 받을 때마다 군대에서의 독서 생활을 떠올린다. 후임병이 제대 후 사업을 시작할 것이라는 포부를 말하며, 독서를 통해 꾸준히 준비하는 모습은 내게 미래를 생각하게 하는 계기가 되었다. 그리고 나 역시 사업에 대한 호기심과 맞물려 제대로 한번 알아보자는 결심으로 이어졌다. 그리고 휴가 때 무려 백만 원 어치의 책을 구입해 꾸준히 독서를 했다. 이렇게 독서를 한 결과 나는 결국 창업만이 미래의 대안이란 생각을 하게 되었다. 이런 결심이 서자 학벌은 더 이상 필요한 스펙이 아니었다. 내게 필요한 스펙은 사업을 위한 실전 경험이었다.

내 사업의 원동력, 미친 공부

독서를 통해 배운 즐거움을 깨우친 이후로 나의 군대 생활은 180도 달라졌다. 그 전까지만 해도 나는 남들이 흔히 말하는 '귀 막고 눈 감고 말 안하며' 그야말로 죽었다 생각할 테니 어서 빨리 2년

이 지나가기만을 바라고 있었다. 그런데 군대 후임병인 정진우 군을 만나고 시간이라는 것은 어느 순간, 어느 환경에서도 소중하고 귀한 것이라는 것을 알게 되었다. 그리고 이러한 깨달음에 대한 실천은 휴가라고 해서 예외가 없었다.

2002년의 화려한 서막을 알리던 즈음, 나는 크리스마스, 연말, 연시가 모두 들어있는 황금 휴가를 맞게 되었다. '도대체 어떻게 하면 이 휴가를 멋지게, 그리고 의미 있게 보낼 수 있을까?'를 고민하던 중, 문득 '남들과 다르게 휴가를 보내야 남들과 다른 인생을 살 수 있다'는 생각을 하게 되었다. 그리고 그동안 눈치 보면서 해 왔던 공부를 휴가 기간 동안 마음껏 해보겠다는 결심을 하게 된다.

휴가 첫날, 나는 종로의 외국어 학원가를 찾아 갔다. 휴가 기간이 보름 정도 밖에 되지 않다보니 한 달짜리 수업을 신청하는 것은 낭비였다. 그래서 나는 사정을 설명하고 보름만이라도 수강을 할 수 있게 해 달라고 부탁했다. 하지만 방문했던 학원들마다 곧 죽어도 반 달 치는 안 된다는 것이었다. 게다가 수강신청 기간도 끝났으니 다음 달 개강 전에 오라는 것이었다.

"휴가 나온 군인이 다음 달에 어떻게 등록을 합니까!"

아무리 원칙이 중요하다지만 사람에 따라 피치 못할 사정이란 것이 있을 수 있고, 더군다나 조금의 융통성을 발휘한다고 대단하게 큰일이 나는 것도 아닌데, 한결같이 안 된다고만 하니 화가 치밀어 버럭 소리를 지르고는 나와 버렸다.

딱히 뾰족한 수가 없어 한참 주위를 서성이는데, 문득 동네에 있는 큰 외국어 학원이 생각났다.

'그래! 그곳에 가서 한번 부탁해보자! 동네 학원이니까 통사정하면 들어 주지 않을까?'

단숨에 천호역 사거리에 있는 외국어 학원에 도착했다. 원장님과 독대하면서 내가 군인이기 때문에 보름밖에 수강할 수 없는 사정을 차근차근 설명했다. 시간이 남아돌던 시절에는 여기저기 입맛에 맞는 곳을 까다롭게 골랐어도 그곳에서 수강을 할까 말까 하는 것이, 이제는 '제발 공부 좀 하게 해 주십시오'하고 사정을 하고 있으니 참으로 우습기까지 했다.

다행이 원장님은 보름간의 수강을 허락했고, 나는 내친 김에 영어, 중국어, 일어 회화 수강을 각각 보름치씩 신청했다. 그리고 그날부터 바로 수강에 들어갔고, 남는 시간은 독학으로 예습, 복습을 하기 위해 고3 때 다니던 독서실을 끊었다.

그렇게 휴가 기간 내내 나는 하루도 빠짐없이 아침에 일어나면 독서실에 가서 공부했다. 그리고 저녁이 되면 잠시 휴식을 취하고 식사를 한 다음에 학원에서 회화 수업을 들었다. 친한 고등학고 동창과 조조 영화를 몇 편 본 것을 제외하고는 이렇다 할 여가를 즐긴 것도 없었다. 나는 무엇이든 열심히 하고 싶었고 열정이 가득했기 때문에 휴가기간 내내 회화에 집중했고, 이러한 노력의 결과는 군대에서 토익 800점과 일본어능력시험JLPT 1급을 딴 것으로 드러났다.

휴가를 마치고 군대로 복귀할 때 나는 아버지의 카드를 빌려 백만 원 가까이 책을 샀다. 아버지는 카드 내역을 보고 처음에는 깜짝 놀라셨지만, 크게 내색하지 않으시고 그저 어깨만 조용히 두드려 주셨다. 옛말에 이르기를, 제일 듣기 좋은 소리가 자식 입에 밥 들어가는 소리와 글 읽는 소리라고 했으니 그 마음이 오죽 흐뭇하셨을까 싶다.

부대로 복귀한 후 나는 시간이 날 때마다 그때 구입했던 책들을 읽었고, 틈틈이 외박과 휴가를 나올 때마다 새로운 책을 사서 부대에서 읽고 또 읽었다. 이렇듯 독서를 꾸준히 하다 보니 어느덧 날로 새로워지려거든 하루하루를 새롭게 하고, 또 매일을 새롭게 한다는 뜻의 '일신일일신우일신日新日日新又日新'의 경지가 되어갔다.

한편, 독서는 내게 사업가로서의 명확한 꿈을 심어 주기도 했다. 덕분에 나는 더욱 열정적으로 바뀌었고, 빈둥댈 시간, 휴식 시간, 이래저래 유흥을 즐길 시간, 늘어지게 낮잠 잘 시간 등을 모두 학습 시간으로 활용할 수 있었다. 아침 5시에 일어나서 독서실로 향했고, 자정이 넘도록 독서실에서 공부했다. 틈만 나면 근무 사이사이 독서실에서 공부했고, 하루에 10시간 이상씩 회화 CD를 들으며 말하기, 듣기 연습을 했다. 마치 군 입대 전 스타크래프트에 미쳐 온 시간과 정신을 한곳에 집중했던 것처럼 내 삶의 중심을 그곳에 맞춰 놓고 온 힘을 쏟아 부었다.

그렇게 치열했던 2년은 남다른 결과로 나타났다. 굳이 토익 점수와 외국어 자격증이 아니더라도, 그것들은 현재까지 내가 사업을 뚝심 있게 할 수 있는 강한 원동력으로 자리 잡았으니 말이다.

구두를 닦더라도 고수가 돼야 먹고 산다

이론과 현실은 하늘과 땅 차이까지는 아니더라도 분명히 차이가 있다. 그러므로 독서를 통한 간접 경험으로 시야를 넓혔다면 다음 단계로 반드시 현장을 확인할 필요가 있다. 현장이라고 하면 직접 부딪쳐 보는 직접 경험만을 생각하기 쉬운데, 직접 경험 이전에 해야 할 것이 간접 경험이다. 예컨대 세계 제일의 헤어디자이너를 꿈꾸는 사람이라면, 세계 제일까지는 아니더라도 동네에서 최고라는 미용실에 방문하여 고수의 손 놀임이나 고객응대법 등을 눈여겨 볼 필요가 있다는 말이다.

나 역시 독서를 통해 체득한 열정, 전문성, 프로 정신, 고객 관리 등을 생생한 경험으로 익힐 수 있었던 적이 있다. 2001년 군 입대 후, 수원 구치소로 발령을 받아 근무하던 때였다. 물론 다른 군부대도 그렇겠지만 내가 근무하던 수원구치소 역시 각 계급마다 하는 일이 엄격하게 정해져 있었다.

내가 일교^{일등병}로 진급하고 맡은 업무는 수교^{병장}들의 구두를 광내는 것과 옷을 다리는 일이었다. 아침에 일어나서 점호를 한 뒤, 청소하고 와서 밥 먹기 전까지 구두를 닦고 옷을 다리는 데 시간이 늘 촉박해 제대로 식사를 할 수가 없었다. 주어진 시간에 비해 업무가 너무 많았기 때문에 식사를 해도 3분 이내에 허겁지겁 입에 들이 붓고 나와야 했으며, 그마저도 운이 좋아 고참들이 휴가를 갔거나 외박을 나가서 일거리가 얼마 없을 때나 가능한 일이었다.

피할 수 없으면 즐기라고 했다. 나는 이왕 내게 맡겨진 임무라면 제대로 해보자는 마음에 구두 닦는 일, 특히 구두에 광을 내는 일명 '메끼 올리기'에 열중했다. 책은 몰래 숨어서 봐야 했지만 구두 닦는 것은 누가 뭐라 하지 않으니 드러내 놓고 즐길 수 있었다. 당시 내 별명이 '심메끼'였던 것만 봐도 내가 얼마나 구두 광내기에 열중했는지 잘 알 수 있다.

어느 날 나는 고수를 찾아가 구두에 광내는 기술을 한번 제대로 배워 보자는 생각이 들었다. 구치소에서 근무하는 경비교도대들은 부대 안에서 근무를 하는 것 외에 법원이나 검찰청에서 수감자들의 호송을 맡기도 한다. 그런데 법원, 검찰청은 샐러리맨들이 많이 오가기 때문에 그 지역을 관할하는 구두닦이가 항상 있기 마련이다.

내가 출장을 나가던 법원 앞에도 둘째가라면 서러워 할 정도의 기술을 가진 구두닦이 아저씨가 있었다. 나는 법원에 출정을 나갈 때면 어떻게든 짬을 내어 그 아저씨에게 달려가 어깨 너머로 구두 닦는 법을 배우기 시작했다. 가끔은 내가 부대에서 닦아 온 것을 보여 드리며 아저씨에게 평가를 부탁하기도 했다.

나는 아저씨의 모습을 지켜보며 지금의 이 기술이 하루아침에 단련된 것이 아님을 알 수 있었다. 구두 하나를 닦아도 혼을 다 쏟아 붓는 열정적인 모습에 '바로 저것이구나! 무엇을 하든 저렇게 즐기면서 미쳐야 하는구나!'라는 것을 느꼈다. 게다가 온갖 기술을 연구하고 훈련하는 전문가 정신, 수백 켤레가 넘는 물량도 완벽하게 소화해 내는 프로 의식 등은 존경스럽다 못해 아름다워 보이기까지 했다.

없는 돈이지만 나는 음료수나 빵 같은 것을 가져가 "사장님, 사장님" 하면서 친근하게 굴다 보니, 어느새 아저씨와 나는 사부와 제자 사이가 되어 있었다.

아저씨는 손님이 오면 먼저 눈을 마주쳐 인사부터 했다. 그리고는 손님이 벗어 놓은 구두를 살피며 손님의 건강을 진단했다. 굽이 달은 상태를 보면 척추를 비롯한 몸 곳곳의 이상 유무를 알 수 있다는 것이다.

구두 손질은 두말할 나위도 없이 환상적이었고, 거기에 고객들의 건강 및 가정의 대소사까지 훤히 꿰뚫고 챙기니, 고객과의 사이에 끈끈한 유대감이 생기는 것은 당연한 일이었다. 오죽하면 단골고객의 구두는 냄새만 맡아도 누구의 것이라고 알 수 있을 정도였다. 이처럼 아이템의 전문성과 영업력, 고객 관리까지 삼박자 모두를 두루두루 갖추고 있었으니, 하루 수백 켤레씩 물량을 확보해 큰돈을 버는 것은 당연한 일이었다.

40대 이후 퇴직의 위기에 놓인 많은 사람들이 창업을 고려한다. 게다가 취업에 비해 창업은 돈만 있으면 아무나 할 수 있는 것으로 인식돼 '안 되면 장사나 하지 뭐'라는 안일한 생각을 하는 경우가 많다. 하지만 통계에 따르면 우리나라 자영업자들이 2년 이내 실패 할 확률은 81%, 성공할 확률은 4%도 채 되지 않는다고 한다. 나머지 15%는 겨우 현상 유지에 그칠 뿐이다.

취업을 하던 창업을 하던 목표는 '성공'에 두어야 한다. 입에 풀칠이나 겨우 할 정도, 혹은 용돈 정도의 벌이를 위한 것이 아니라면 무슨 일을 하든지 제대로 해야 한다. 설령 구두를 닦더라도 최고로 잘 닦는 사람이 되면 멀리서도 고객이 찾아온다.

"신발을 정리하는 일이 맡았다면, 신발 정리를 세계에서 제일 잘 할 수 있는 사람이 돼라. 그렇게 된다면 누구도 당신을 신발 정리만 하는 심부름꾼으로 놔두지 않을 것이다. 궂은일이라도 그것에 통달하면 그때부터는 궂은 일만 하는 머슴의 세계가 아니라 창공을 붕붕 날아다니는 도사의 세계가 열린다."

일본 한큐 철도의 설립자, 고바야시 이치고의 말이다. 같은 일을 해도 잘하느냐 잘하지 못하느냐에 따라 그 성과는 열 배, 백 배의 차

이를 가져다준다. 하물며 그 분야의 최고가 되고, 나 아니면 안 되
는 유일성까지 갖춘다면 나만의 확실한 블루오션을 구축할 수 있을
것이다.

남을 통해
나를 성장시켜라

공부를 하거나 혹은 직장에서 업무를 볼 때, 한계에 부딪치는 경우가 있다. 그때마다 램프의 요정 지니처럼 도움을 주거나 깨달음으로 이끌어 주는 스승이 있다면 얼마나 좋겠는가. 그나마 학교와 직장은 주변 동료와 선배, 상사가 있어 물어 보기라도 하지만, 홀로 장사를 하는 입장에서는 마땅히 조언해줄 사람도 없이 혼자서 모든 것을 헤쳐 나가야 한다.

스스로 깨달음을 얻는다는 것은 쉬운 일이 아니다. 아무리 많은 공부를 하더라도, 바위 위에 앉아 고행의 수련을 하더라도 쉽게 얻지 못하는 것이 바로 깨달음이다. 그런데 깨달음의 과정이 오랜 연구와 수행을 통해서만 이루어지는 것은 아니다. 물론 옆에서 누군가의 직접적인 조언이나 가르침으로 얻어지는 것만도 아니다. 삼국지의 영웅 중 한 명인 제갈량은 탁월한 지혜와 깊이 있는 학문으로 당대 최고의 책사策士로 기억되고 있는 인물이다. 하지만 그의 재능은 골방에서 공부만 해서 얻어진 것이 아니다. 그는 세상에 출사표를 던지기 전까지 천하를 두루 살펴보고 세상과 사람들을 항상 연구하며, 뛰어난 재능을 자신의 것으로 만들었다고 한다.

때로는 수많은 책이나 가르침보다 실제로 주변의 사람으로부터 깨우침을 얻을 수 있는 행동을 접할 때 그것을 놓치지 말고 자신의 것으로 만들 수 있어야 한다. 심지어 그리스의 희극작가인 아리스토파네스는 '현명한 사람은 적으로부터 많은 것을 배운다'고 했다. 적이나 라이벌이라 하더라도 배울 점이 있다면 과감히 받아들이는 것이 바로 깨달음을 얻는 방법이다. 경쟁 상대조차도 깨달음의 스승이 될 수 있을 정도로, 타인을 통해 얻는 깨우침이야말로 가장 효과적이며 생생한 교본이 될 수 있다.

화장실에서 리더십을 배우다

사업하면서 점차 규모를 키우고 사람들을 하나 둘씩 모으기 시작하면서 가장 절실히 요구되는 것은 바로 리더십이었다. 그런데 리더십이란 것이 '내가 리더다!'라고 선언한다고 해서 저절로 생기는 것이 아니다. 타고난 성품이나 자질도 있겠지만, 무엇보다 후천적인 노력이나 롤 모델을 통한 깨우침으로 얻을 수 있는 것이 바로 리더십이다.

나 역시 문자 그대로의 리더십을 이해하거나, 처음부터 타고난 리더십을 가진 것은 아니었다. 오히려 주변 사람들을 통해 리더십을 이해하고 깨달음을 얻었다. 내가 리더십을 배웠던 것은 책이 아니라 군대에서의 한 고참이 보여준 행동에서였다.

군대에서 졸병이었던 시절, 내가 속한 내무반이 화장실 청소를 담당하고 있었다. 쉬는 시간 없이 하루 종일 근무와 화장실 청소를 오가며 고된 일상을 보내고 있던 터라 온갖 부정적인 사고방식으로 똘똘 뭉쳐 있을 때였다.

사실 병역의무를 수행한 곳이 구치소이다 보니 내가 있는 환경은 밝고 긍정적인 생각을 할 수 없는 곳이라고 여겼다. 일이 잘 안 되는 사람의 대부분이 조상 탓, 세상 탓, 주위 환경 탓만 하듯이 나 또한 힘든 근무 여건을 주위 탓으로 돌리며 암울한 졸병 생활을 하고 있었다. 그럼에도 불구하고 화장실만은 특별한 공간이었다. 내게 독서의 힘을 느끼게 했던 군대 후임과의 만남도 바로 화장실이었다.

이 만남으로 인생이 확 바뀐 경험을 한 나로서는 화장실이야말로 배움의 기회를 제공한 곳이라고 생각한다.

하루 종일 칫솔과 치약으로 열심히 닦아서 광내고 수세미로 문지르며 호텔 화장실을 능가하는 수준으로 청소해야 하는 화장실 당번 일은 어찌 보면 득도의 과정과도 같았다. 마지못해 하는 일이라고 생각하면 하루도 견디지 못할 일이었다. 변기는 항상 번지르르하게 윤기가 흘러야 하고, 바닥은 반짝반짝 광을 내서 거울이 필요 없을 정도로 닦아 놓아야 한다. 심지어 음식이 떨어져 있어도 주워서 그대로 먹을 수 있을 정도의 청결을 유지하는 것이 내가 맡은 일이었다.

매일 묵묵히 제 할 일을 하며 청소에 매진하고 있던 중 청소 검사를 하는 날이었다. 평소에 완벽을 기하며 청소를 했던 터라 자신만만했지만, 사실 화장실 청소를 검사하면서 트집을 잡으려면 걸리지 않을 재간이 없다. 아니나 다를까 소변기의 물이 내려가는 구멍의 뚜껑까지 뒤집어서 검사를 하니 혼나지 않을 수가 없었다.

실컷 혼이 난 뒤에 다시 막힌 양변기를 뚫으려 하는데 나도 모르게 눈물이 났다. 자꾸만 트집을 잡는 것이 억울해서 대들까 하는 생각도 들었지만, 괜히 동기나 후임들에게 후환이 미칠까 봐 걱정이 되어 속절없이 혼자서 삭히고 있었다. 한심스럽기도 하고, 또 서럽기도 한 내 신세에 그저 혼자 울먹일 수밖에 없었다. 바로 그 때 누군가 뒤에서 다가와 내 어깨에 손을 올리며 다독거려 주었다. 뒤를 돌아보니 내무반 고참이었다.

"사람이 나쁜 게 아니다. 군대라는 조직의 특성 때문에 그런 것이야. 그러니 기운 내고 앞으로 네가 불합리하다고 생각하는 현실을 점차 바꾸어 나가면 되지 않을까? 너를 보고 있는 사람들이 많다는 것을 잊지 말고."

위로의 말을 건네던 고참은 팔을 걷더니 꽉 막혀 있던 양변기에 손을 쑥 넣어서 마구 휘젓기 시작했다. 그러자 1분도 채 안 되어 양변기는 시원하게 뚫렸고, 더러운 때마저 깨끗하게 닦아 내니 그새 우중충한 기분마저도 바뀔 정도였다. 그 고참은 평소에도 사람 좋기로 소문이 나서 따르는 사람들이 많았는데, 그제야 그 이유를 알 것만 같았다.

역시 리더십이란 말로만 떠벌리는 것이 아니라 행동으로 실천하는 것이었다. 그 짧은 시간 동안 내 눈앞에서 보인 고참의 행동은 저절로 마음속으로부터 존경심이 우러나오게 했다. 아마도 나뿐만 아니라 세상 모든 이들이 이러한 리더를 원할 것이다. 말이 아닌 행동으로 사람을 이끌고 진실한 마음으로 사람들을 보살피며, 강력한 카리스마로 신뢰를 주는 사람이야말로 진정한 리더다.

한 우물 파는 법을 배우다

현명한 천재가 더 효율적인 길을 찾아 이리저리 헤맬 때 우직한 바보가 한 길을 꾸준히 가서 성공한다는 말이 있다. 이처럼 성공은 간단한 이치로 이루어진다. 계획을 세웠다면 일단 실행에 옮기는 것이 중요하다. 이것저것 재보며 나름 올바른 길을 찾는다는 것은 계획을 수립할 때나 필요한 심사숙고의 과정일 뿐이다. 그리고 실천했다면 뚜

렷한 결과가 나올 때까지 계속 밀어붙이며 스스로를 독려해야 한다.

사업을 하거나 무언가 새로운 일을 할 때 주위의 만류와 예기치 못한 돌발 상황, 그리고 슬럼프 등 여러 가지 이유로 자신이 가던 길을 포기하려는 사람들이 있다. 하지만 우공이산愚公移山이란 말처럼 때로는 비효율적이고 아둔하게 보이더라도 꾸준히 외길을 가는 사람이 성공하는 법이다.

지하철역 매장에서 열심히 사업을 할 때였다. 그때 많은 도움을 받은 분이 있었다. 그분은 본인의 표현을 빌리자면 '자신은 불과 10년 전만 해도 시골에서 갓 상경한 촌놈'이었다. 세상 물정 모르는 순박한 시골 사람이 무조건 상경해서 남대문 시장에 리어커를 끌고 나와 인형을 판 것이다. 처음에는 주위의 텃세도 심했고, 또 가족들이나 예전 동료들의 눈초리도 그다지 좋지 않았지만 아랑곳 하지 않고 불도저마냥 밀고 나갔다고 한다.

비가 오나 눈이 오나 정말 바닥에서부터 시작한다는 일념 하나로 노점을 시작한 그분은 불과 10년이 채 안 되어 지하철역에서 관리하는 매장이 80개가 넘게 되었다. 그런데 그분에게 조금씩 돈이 모이자 주변에서 많은 사람들이 이런저런 조언을 하더라는 것이다.

어디 땅이 좋다는 둥, 주식을 하라는 둥, 괜찮은 사업 아이템이 있으니 투자하라는 둥 별별 이야기를 다 들었지만 그분은 한눈을 팔지 않고 자신의 길을 걸었다. 그렇게 탄탄한 기반을 닦아 성공의 가도에 들어설 수가 있었다.

그런데 이와 달리 그분의 한 친구분은 노점 장사를 하면서 더 많은 돈을 벌었다. 겨울철에는 스타킹을 팔아 하루에 2,300만 원씩의 매출을 올릴 정도로 꽤 짭짤한 장사를 했다. 장사가 잘 되니 역시나 주위에서 사람들이 모여들기 시작했고, 그 유혹에 못 이겨 이래저래 방만하게 일을 벌였다. 처음에는 돈이 더 많이 벌리는 것 같아 이거다 싶고 돈이 되겠다 싶으면 무조건 뛰어들었는데, 결국 지금은 남은 것 하나 없이 마땅히 장사할 장소도 구하지 못해 주저앉은 신세가 되고 말았다.

처음에 품은 큰 뜻이 있다면 계획을 단기, 중기, 장기로 세워 하나씩 실천해 나간다면 성공할 수 있다. 그럼에도 어떻게든 빨리 가려는 욕심으로 차선위반을 하고 중앙선을 넘게 된다. 결국 위험한 역주행은 치명적인 사고를 부르는 법이다. 늘 식지 않는 열정을 가슴에 담고 전진한다면 언젠가는 목적지에 다다르게 된다. 캄캄한 밤에 라이트를 켜고 자동차를 운전할 때 눈앞에는 불과 몇 미터밖에 보이지 않는다. 그 몇 미터를 가면 또 다시 길이 보이고 그렇게 가다 보면 목적지에 도착한다. 괜히 다른 길을 찾는다고 엉뚱한 길을 기웃거렸다가는 되려 낭패를 볼 수 있다.

처음부터 모든 것을 완벽하게 잘하려는 것보다 꾸준하게 하는 것이 좋다. 인간은 금방 지루함을 느끼고 무언가 더 흥미롭고 재미있는 것을 찾으려는 습성이 있다. 그렇기 때문에 백 명 중에서 세 명만이 부자가 된다는 통계가 나오지 않았을까? 성공하지 못한 사람들은 대개 처음에는 계획을 따르지만 부자가 되기 위해 필요한 가장 간단한 것, 즉 계획을 따르는 지루함을 견디지 못하기 때문이다. 추사 김정희의 마천십연(摩穿十研)처럼 벼루 열 개를 모두 갈아 가명을 뚫을 만큼 혼신의 노력을 기울일 때 성공할 수 있다.

'한 우물을 파라'는 말은 이처럼 자신의 모든 것을 걸고 애초 목표 했던 것에서 한눈을 팔지 말고 매진하라는 것이다. 그동안 수없이 들었던 말이겠지만 의외로 실천은 어렵다. 하지만 이 말이야말로 성공을 위한 가장 기본적인 열쇠다.

· 세상은 이런 리더를 요구한다 ·

존 맥스웰의 《열매 맺는 리더》라는 책에 나온 리더의 자격을 보면 다음과 같다.

- 꼭 필요한 때에 적절한 방법으로 영향력을 발휘하는 리더
- 비난은 자기에게, 칭찬을 다른 사람에게 돌리는 리더
- 사람들을 인도하기 이전에 자기 자신을 바로 인도할 수 있는 리더
- 늘 엇비슷한 해답이 아닌 최상의 해답을 찾아내는 리더
- 자기 자신보다는 자신의 조직과 사람들에 더 큰 의미와 가치를 부여하는 리더
- 자기 유익보다는 다른 사람들의 유익을 위해 희생하는 리더
- 자신을 다루는 데는 머리를, 다른 사람을 움직이는 데는 가슴을 사용하는 리더
- 바른 길을 알고, 그 길을 가며, 그 길을 열어 보여 줄 수 있는 리더
- 사람들을 위협하거나 교묘하게 이용하지 않고, 그들의 문제를 해결하기
  위해 하느님 앞에 나아가는 리더
- 사람들의 문제를 알고 그들과 함께 살며, 그들의 문제를 해결하기 위해
  하느님 앞에 나아가는 리더
- 자신의 인격을 자신의 지위보다 더 중요하게 인식하는 리더
- 여론의 물결을 따라 가기보다는 바른 여론을 형성해 가는 리더
- 직관이 인격의 반영임을 이해하는 리더
- 특별한 책임을 수행해야 하는 경우 외에는 자신을 다른 사람들 위에
  두지 않는 겸손한 리더
- 큰일뿐만 아니라 작은 일에도 정직한 리더
- 먼저 자신을 다스림으로써 다른 사람들에게 다스림을 받지 않는 리더
- 실패를 재기의 기회로 삼는 리더
- 유행에 상관없이 언제나 올바른 방향을 제시하는 도덕적 나침반을 가진 리더

나 자신을
올곧게 세워라

일을 하다 보면 하루에 열두 번도 더 자신의 일에 대한 확신이 사그라질 때가 많다. 지금 하고 있는 일이 늘 좋을 수만 없고, 또 새로운 일을 시도할 때는 부푼 희망 못지않게 불안감도 스멀스멀 생기기 마련이다. 조금이라도 자신이 생각한 것과 다르게 일이 진행되면 오만가지 걱정거리에 만성 두통까지 생기는 지경에 이를 수 있다. 그러나 캐나다의 컨설턴트인 어니 젤린스키는 96%의 걱정거리는 쓸데없는 것이고, 나머지 4%만이 우리가 대처할 수 있는 진짜 사건이라고 말했다.

지금도 돌이켜 보면 무모한 도전인 만큼 패기도 넘쳤지만, 한편으로는 수없이 부딪치는 어려움에 고민한 적도 많았다. 그러나 냉정하게 생각하면 막연한 불안감에 휩싸였을 뿐, 당장 어떻게 해결할 수 있는 것들이 아니었다. 막연한 불안감을 걱정거리라 여기고 끙끙대다 보면, 오히려 시급한 문제가 쓸데없는 걱정거리에 가려져 놓칠 때가 있다. 결국 자신감을 갖기는커녕 제대로 도전조차 해보지 못하고 주저앉아 버리는 것이다.

로마 제국의 역사를 언급할 때 빼놓을 수 없는 강력한 적수였단 한니발은 칸나에 전투를 앞두고 당시 최강의 군대였던 로마군과 맞닥뜨리게 된다. 군사의 수에서부터 엄청난 차이로 밀리던 한니발의 카르타고군은 불안과 두려움에 떨 수밖에 없었다. 병력의 열세를 보고하던 기스고라는 부하의 목소리는 주눅이 잔뜩 들어 있었다. 그 모습을 본 한니발은 기스고에게 "로마군이 아무리 많아도 기스고라는 이름을 가진 병사는 없지 않는가"라고 말했다. 이 말을 들은 기고스는 움츠러든 어깨를 펴고 적을 당당하게 마주보며 결전에 임했고, 전투는 승리로 끝났다.

한니발의 농담은 당지 긴장을 풀기 위한 것만은 아니었다. 초조해하던 카르타고 군대가 일순간 로마군을 이길 수 있다는 자신감을 되찾게 했다. 자신감은 병력의 열세를 딛고 승리를 이끌어 낸 원천이 되었다.

낯선 두려움을 다스려라

부산으로 원정 가서 장사를 할 때였다. 투자 받은 20만 원으로 의기양양하게 부산 원정을 준비하기 위해 여념이 없었던 나는 열흘간 판매할 물건을 구매하러 거래처를 열심히 돌아다녔다. 물건을 사기에는 20만 원이 턱없이 모자라는 금액이었지만 그동안 신뢰를 쌓아 온 덕분에 거래처 사장님들은 흔쾌히 외상으로 물건을 대주었다.

이리저리 거래처를 방문하면서 어느덧 마지막 도매상에 들렀는데, 한 직원이 나에게 걱정스런 투로 말을 건넸다.

"현수 씨, 정말 부산에 내려가려는 거야?"

"그럼요. 가서 많이 팔고 오겠습니다."

"어휴, 현수 씨가 경험이 부족해서 몰라서 그러는 것 같은데, 부산에 내려가면 큰일 나! 부산에는 조폭들의 텃세가 심하다는데, 매장이 있으면 모를까, 노점은 절대로 못해."

조폭이라니! 부산에 내려가 장사를 하는데 생각지도 못한 난감한 문제에 부딪쳤다. 도매상 직원의 말을 들어보니 내려갔다가 투지 받은 20만 원만 홀라당 까먹고 빈속으로 올라와야 하는 게 아닌가 싶어 내심 불안하고 두려웠다. 그런데 아무리 생각해 봐도 부산의 조폭들이 텃세로 유명하다 한들, 사람 사는 동네에 노점하나 없지는 않을 것이라는 생각이 들었다. 결국 일단 가보자는 마음을 먹고 물건을 계속 챙겼다.

도매상의 직원은 조폭뿐만 아니라 부산은 바닷바람이 불기 때문에 소금기에 액세서리가 더 녹슨다며 계속 걱정했다. 거듭 만류를 하는 그분의 말씀은 고마웠지만, 그렇다고 막연한 불안과 두려운 때문에 도전을 포기한다는 것은 있을 수 없다는 판단이 들었다.

나는 부산에 가면 안 되는 이유 자체를 다시 곱씹어 생각해 봤다. 부산에 사는 여성들은 그 흔한 머리핀 하나 하지 않고 다닐 리가 만무했다. 또 바람에 소금기가 있다 한들 머리핀조차 그렇게 쉽게 녹슨다면 어떻게 사람이 산단 말인가. 그것도 우리나라 제2의 도시라 불리는 부산에서 말이다. 모르긴 해도 걱정할 정도는 아닐 것이라고 자신을 독려하며, 그래도 꺼지지 않는 불안감과 두려움을 가슴 깊이 밀어 넣은 채 일단 앞만 보고 달려가기로 결심했다.

결과적으로 부산을 갔다 온 일은 내게 대박의 자신감을 안겨 주었다. 돈 주고도 못 살 값진 경험과 교훈을 얻었으며, 장사 또한 잘 되는 바람에 가기 전에 비교하면 곱절이나 되는 자신감까지 얻고 돌아온 것이다. 만약에 도매상 직원이 한 말만 믿고 시도조차 안했더라면 나중에 그 어떤 도전도 불가능했을 것이다.

프랑스에 가면 이색적인 개구리 요리가 있다고 한다. 이 요리는 테이블 위의 냄비 안에 개구리를 넣고 손님이 보는 앞에서 조리를 한다. 냄비 속의 개구리는 죽은 개구리가 아니라 살아 있는 상태다. 불 위에 냄비를 올려 두면 물이 조금씩 따뜻해지는데, 개구리는 미동도 하지 않는다. 마치 사람이 욕조에 따뜻한 물을 받아 놓고 느긋하게 눈을 감고 앉아 있는 것처럼, 개구리 또한 잠을 자듯 가만히 있는다. 자신의 운명이 어찌될지 모른 채 가만히 있는 개구리는 마치 위기와 도전을 피하고 안정된 생활에 안주하려는 사람의 모습처럼 보인다. 이윽고 물의 온도는 점점 올라가고 냄비 속에서 잠자고 있던 개구리는 자신이 죽어간다는 사실조차 인식하지 못한 채 서서히 익어가다 결국 개구리 찜이 되어버리고 만다.

이 세상에서 안전하게 보이는 일도 따지고 보면 냄비 속의 개구리와 같은 경우가 허다하다. 다만 안전하게 보일 뿐이다. 사실 이 세상에 위험하지 않은 일이란 하나도 없다. 심지어 제일 안전하다고 생각하는 집에서도 어떤 사고가 닥칠지는 아무도 모른다. 그러므로 위기를 피하기보다는 위기를 관리하면서 최대한 많은 기회를 만들어 가는 것이야말로 성공을 위한 지혜라고 할 수 있다.

부산으로 내려간다고 했을 때 직접 부딪쳐 보지도 않고 지레 겁부터 먹고 내려갈 생각을 접었다면 어떻게 됐을까? 모르긴 몰라도 그 다음부터는 계속 안전한 길, 무언가 보장된 길만 찾으려 했을 것이다. 그러나 무슨 일을 하더라도 안전하거나 보장된 것은 없기 때문에 시도는커녕 그나마 갖고 있던 자신감이라는 밑천마저 바닥 났을지 모른다.

위기를 피하지 않고 불안과 두려움을 극복할 수 있다면 무슨 일을 하더라도 스스로 성공을 보장한 것이나 다름없다. 만용이 아니라면 도전 그 자체의 값어치는 분명히 있다.

자신의 능력을 의심하지 마라

노점상을 하면서 늘 승승장구만을 한 것은 아니다. 장사가 잘될 때는 시간 가는 줄 모르고 돈을 벌며 성취감을 느꼈지만, 한 번 실패를 하면서 생긴 것은 빚만이 아니었다. 마음속에서 자꾸 자신감을 잃어갔고, 지금 가고 있는 길이 과연 내 길인가에 대한 의심이 들었다.

천만 원에 가까운 빚을 떠안고 시름을 앓고 있을 때는 이러다간 다시 일어서지 못하는 게 아닌가 하는 심정이었다. 그러던 중, 우여곡절 끝에 다시 재기에 대한 실낱같은 희망이 생겼다. '말 한마디에 천 냥 빚을 갚는다'는 옛말처럼, 천만 원의 빚은 잠시 보류하고 오히려 140만 원어치의 물건까지 얻어 오게 되었다. 그동안 나이도 어린 사람이 동분서주하며 장사하겠다는 모습을 기특히 본 주변 분들의 도움 덕분이었다.

물건을 얻어 오고 나니 운이 좋다는 생각보다 나를 믿어준 분들에 대한 기대를 저버리지 말아야 한다는 각오가 생겼고, 그래서 정말 목숨을 걸고 일했다. 아침에 일어나자마자 바로 뛰쳐나가서 하루 종일 장사를 하고 새벽녘까지 유흥가를 돌며 판매하는 등 잠시도 쉴 틈이 없이 뛰어다녔다. 잠도 차에서 자면서 정처 없이 무작정 사람들이 많은 곳을 찾아다녔다. 기존에 장사를 하고 있던 노점상들과 싸워 가면서 억척스레 돈을 벌었다.

당시 나는 더 이상 기댈 곳도, 다음을 기약할 것도 없다는 생각에 오로지 돈을 벌겠다는 일념으로 이곳저곳을 뛰어다녔다. 서울의 번화가는 안 가본 곳이 없을 정도였다. 이렇게 악착같이 뛰어 다니자 마치 '지성이면 감천'이라는 말처럼 고되기는 했지만 장사가 제법 잘됐고, 덕분에 하루가 다르게 빚이 줄어들었다.

이런 나의 동가식서가숙東家食西家宿의 장사는 딱 100일 동안 이뤄졌다. 천만 원이라는 돈을 갚기 위해 걸렸던 시간이 바로 100일이었던 것이다. 그 즈음에 '예전에도 이렇게 장사를 했더라면 빚이 천만 원이 아니라 그보다 많은 이익을 냈을 텐데'라는 일종의 후회와 비슷한 생각이 들었다. 하지만 이미 때늦은 후회는 소용이 없다. 이제 앞으로 1년만 이런 식으로 장사한다면 3천 650만 원을 모을 수 있을 것이고, 지나간 일 따위는 생각할 필요가 없다는 결론을 얻었다. 물론 그 뒤로 실전에서 배우겠다는 생각이 더 컸던지라 그리 큰돈을 벌지는 못했다. 그래도 그때 억척스럽게 돈을 벌던 마음가짐이 훗날 어떤 일이 닥쳐도 이겨낼 수 있는 자신감의 원천이 되었다. 만약 그 당시 천만 원의 빚에 시달리면서 '이 빚을 어떻게 갚을까, 과연 갚을 수는 있을까?'라는 생각에 빠져 나약하게 지냈더라면 아마 지금의 나는 없었을 것이다. ‘일단 한번 해볼까?’라는 마음가짐으로는 안 된다. 목숨 걸고 해야 한다. ‘정신일도하사불성精神一到何事不成’ ‘진인사대천명盡人事待天命’이란 말처럼 이를 악물고 정신을 집중하여 일하면서 천명을 기다리는 것이어야 한다. 자신을 버리고 죽었다고 생각하면서 열심히 일했기 때문에 아무런 밑천도 없던 내가 100일 만에 천만 원이라는 거금을 갚을 수 있었던 것이다.

‘마음만 먹으면 못할 것이 없다’는 말이 있다. 비판적인 사람이 이 말을 들으면 ‘마음먹은 대로 된다면 이 세상 모든 사람이 다 성공했을 것 아니냐’고 반문할 수도 있다. 그럴 때 떠오르는 영화의 한 장면이 있다.

오랜 세월 동안 많은 이들의 사랑을 받은 영화 〈스타워즈〉시리즈 중에서 〈스타워즈 에피소드 5 - 제국의 역습〉이란 영화가 있다.

이 영화에서 주인공은 루크는 제다이의 기사가 되기 위해 스승인 요다로 부터 훈련받는 장면이 나오다. 루크는 돌을 포스의 힘으로 들어 올리는 훈련을 하고 있었는데, 자신이 타고 왔던 우주선이 강물에 빠져 버리고 만다. 루크는 이제 막 훈련을 시작해서 돌을 들기도 힘든 지경인데 우주선을 들어 올리라고 하니 이해가 가지 않았다.

“이건 돌덩어리와는 차원이 달라요.”

“크기는 중요하지 않다.”

꿈쩍도 않는 요다의 말에 루크는 체념하듯 대답했다.

"알았어요. 그럼 한번 해볼게요."

"해보는 것은 없다. 하든지 말든지 둘 중에 하나다."

자신이 없는 투로 대답을 하는 주인공에게 요다는 단호하게 말했다. 루크는 여전히 자신이 없다는 표정으로 조금 들어 올리다가 이내 포기하고 만다. 그러자 요다는 자신이 직접 우주선을 포스의 힘으로 들어 올린다. 그리고 루크에게 이렇게 말한다.

"의심하는 마음을 고쳐라."

루크의 잠재력은 그 우주선을 충분히 들어 올릴 수가 있었다. 그러나 그는 자신의 능력을 의심부터 했고, 잠시 시도했다가 힘에 부치자 이내 포기하고 만 것이다. 이런 루크에게 요다는 단 두 마디의 말로 가르침을 전한다.

"해보는 것은 없다. 하든지 말든지 둘 중에 하나다."

"의심하는 마음을 고쳐라."

이 두 마디는 우리가 흔히 들을 수 있는 말이다. 하지만 흔한 말임에도 불구하고 실천하는 사람은 드물다. 마음먹는 것까지야 누구든 할 수 있지만, 실천하지 않기 때문에 성공이 아닌 실패를 하게 된다. 실천도 하기 전에 미리 자신의 생각이 제대로 이뤄질까 하는 의심에 빠져 정작 실천은 하지 않고 혼자서 고민에 빠지는 것이다.

진심으로 성공하고 싶다면 머릿속에 앞서 말한 이 두 마디 말을 담아 두길 바란다. 그리고 지금 잠시 주저앉아 있다면 다시 시작하라. 여러분의 생각이 머무는 곳에 미래의 여러분이 위치하고 있는 법이다. 제대로 실천도 하기 전에 의심에 빠져 허우적대지 말고, 자신을 올곧게 세워 다시 한 번 도전의 길로 나아가야 한다.

열정의 네트워크를
구축하라

무슨 일을 하더라도 혼자서는 쉽게 성공하지 못한다. 길거리에서 노점을 하더라도 알고 보면 모든 것을 혼자서 하는 게 아니다. 좋은 물건을 공급해 주는 도매상과 때로는 내게 작은 비용이라도 투자하는 분까지 많은 사람들이 내 주위에서 함께 하고 있다. 그러고 보면 세상에서 혼자 하는 일이란 아무것도 없다는 것이 맞다.

아무리 뛰어난 인물일지라도 홀로 영웅이나 신화적인 존재가 된 것은 아니다. '불멸의 영웅' 이순신도 선조의 탄압과 기존 관행에 익숙한 조선군 수뇌부의 횡포에 가까운 행위에도 아랑곳하지 않고 그가 구국의 영웅이 된 것도 함께 하는 이가 있었기 때문이었다. 당시 우왕좌왕하며 선조의 눈치 보기에 급급했던 조정 중신들 사이에서 서애^{西厓} 유성룡의 지지는 단연 돋보였다. 그조차 군주인 선조의 변덕에 시달려 하루하루가 불안했을 터인데 이순신에 대한 굳건한 믿음으로 변함없는 신뢰를 보여 주었다. 또한 이순신의 충정을, 그리고 자신을 돌보지 않는 열정을 공감하고 위기에 빠진 나라를 구하기에 여념이 없었다. 이런 두 사람의 연대는 풍전등화의 조선을 구하고, 역사에 이름을 남길 수가 있었다.

이순신과 유성룡처럼 열정이 있는 사람은 자신과 같은 부류의 사람을 알아보는 법이다. 아무리 스펙이 뛰어나고 언변이 좋아도 진정성이 없는 사람은 요란한 빈 수레에 불과하다. 열정이 없기에 자신감이 없고, 자신감이 없기에 주장만 앞세워 일을 제대로 도모하지 못한다.

비단 이순신뿐만 아니라 모든 위대한 인물이나 성공한 사람들은 '열정 네트워크'를 갖고 있다. 학연이나 지연, 혈연 등의 전근대적인 인맥이 아니라 비전과 열정을 공유한 네트워크를 가리킨다. 여기서의 네트워크는 거창하게 조직이나 특정 집단을 뜻하는 것이 아니다. 당장 내 주변에서 열정과 희망을 공유할 수 있는 사람이 있다면 그것이 바로 열정의 네트워크를 가진 것이나 다름없다.

그 누구라도 홀로 성공하는 것은 불가능하다. 인간은 애초부터 불완전한 존재이기 때문에 다른 사람과의 협력이 있어야만 부족한 부분을 채울 수가 있다. 카네기의 묘비에는 '자신보다 현명한 사람의 도움을 받을 줄 알았던 사람, 여기 잠들다'라고 적혀 있다.

이는 나의 부족한 것을 채워줄 수 있는 사람을 만나야 한다는 교훈을 암시한다. 그리고 그의 부족한 부분을 채워 주려 했던 사람들이 카네기의 열정을 이해했으리라는 점을 쉽게 짐작할 수 있다. 이러한 협력을 이끌어 내려면 무엇보다 자신이 먼저 일에 대한 열정을 보여주고, 이 열정을 공감할 수 있게 만들어야 한다.

자신의 열정을 이해시키려면 무엇보다 열정적인 사람으로 보여야 한다. 이는 현란한 말솜씨로 열변을 토한다고 해서 되는 것이 아니다. 열정적인 사람이 되고 싶다면 열정적인 사람으로 행동해야 한다. 그래야지만 주위 사람들이 열정에 대한 신뢰를 보내며 기꺼이 협력자이자 동반자의 길을 함께 갈 것이다.

열정만으로 투자를 받다

지하철역과 서울과 경기도 일대의 번화가를 누비며 노점상을 할 때였다. 돈도 없는데다가 이렇다 할 배경도 없었던 나로서는 내세울 게 꿈과 열정뿐이었던 시절이었다. 군에서 갓 제대를 한 후 복학보다 노점상으로 사업부터 시작한 나는 말 그대로 '바닥부터 기어서 시작한다'는 마음으로 온갖 고생을 마다하지 않았다. 하지만 순탄하게 사업이 풀리려는 찰나에 찾아온 실패로 빚만 잔뜩 지게 되었다.

이대로 무너질 수 없다는 생각에 재기의 발판을 마련하기 위해 이곳저곳을 미친 듯이 뛰어다녔다. 이때는 정말 열심히 했다는 것 말고는 다른 표현이 떠오르지 않을 정도로 무작정 장사를 했다. 아마도 이때가 가장 열정적으로 내 한 몸을 불사르던 시절이었을 것이다.

하루라도 빨리 빚을 갚기 위해서는 물건 하나라도 더 팔아야 했기 때문에 온종일 한 개에 천 원 하는 핸드폰 줄을 들고 목이 터져라 외쳤다. 이렇게 해서 번 돈으로 그동안 불어난 빚을 차곡차곡 갚아 나갔다.

그렇게 빚을 갚아 가던 2003년 초가을의 어느 날, 우연히 다음날부터 부산에서 모터쇼와 국제영화제가 열린다는 소식을 들었다. 이 말은 곧 사람들이 구름 같이 모인다는 뜻이다. 노점상을 하는 사람의 입장에서 보자면 한마디로 호재가 생긴 것이다. 나는 대박의 예감을 감지했다. 그래서 친구들에게 대뜸 "부산으로 가자"고 했더니, "무슨 돈이 있어 부산에 가냐"고 반문했다. 돈이 없다고 온 기회를 놓칠 수는 없다는 생각에 "부산에 가서 돈을 만들면 되지 않느냐"고 친구들을 설득했다. 그리고는 급하게 자금 마련을 시작했다.

그러나 수중에는 땡전 한 푼 없었다. 당장 이튿날 내려가자고 했지만 그날 매출은 5만 원이 전부였다. 차비조차 되지 않아 낙담했지만, 아직 하루가 다 간 것이 아니라는 생각에 저녁식사까지 굶어가며 지하철역으로 장사를 하러 갔다.

지하철 삼성역 5번과 6번 출구 쪽은 코엑스로 들어가는 통로여서 평소 자주 장사판이 벌어지는 장소였다. 유동인구가 엄청 많고 구매력이 있는 고객들이 주로 지나다니기 때문에 천 원짜리 핸드폰 줄을 팔아 한 시간만에 20~30만 원씩 매출이 나오기도 하는 알짜배기 장소였다. "자, 일석이조에 꿩 먹고, 알 먹고, 도랑 치고, 가재 잡고, 마당 쓸고, 동전 줍고!"라고 외치며 손님들의 시선을 끌기 위해 애를 썼다.

목이 터져라 외치던 그 순간, 장사를 시작한지 10분도 채 안 됐을 때였다. 깐깐하게 생긴 아저씨가 공익근무요원 한 명과 함께 다가오는 것이었다. 불길한 예감은 틀리지 않았다. 예상대로 단속반이었다. 인근 경찰서로 끌려간 나는 할 수 없이 딱지를 떼고 풀려났다.

경찰서에서 나와 삼성역으로 터덜터덜 걸으며 함께 장사를 했던 친구에게 전화를 걸었다. 그런데 그 친구도 경찰차를 타고 가는 중이라고 했다. 어찌된 영문인지 물었더니 내가 잡혀간 직후 벌금이라도 벌어 볼 요량으로 장사를 계속 했다가 단속반에 걸렸다는 것이다. 노점을 하면서 경찰서에 가본 것은 아마도 그때가 유일했던 것 같다. 주로 구청에서 노점상 단속을 하는데, 일이 안되려고 그랬는지 하필이면 경찰의 특별단속에 걸리는 바람에 부산 원정에 필요한 자금은커녕 벌금으로 하루 번 돈을 다 지출할 판이었다.

다시 장사하던 자리로 돌아와 보니 동업 하던 친구 중에 마지막으로 남은 한 친구가 짐을 지키고 있었다. 친구와 난 망연자실한 표정으로 짐을 바라보며 해결 방법을 고민하고 있는데, 갑자기 옆에서 낯선 젊은 분이 말을 걸어 왔다.

"혹시, 심현수 씨 아니신가요?"

"네? 아, 예. 제가 심현수인데요…."

"아! 삼성역의 심현수 씨 맞군요. 카페의 글을 보고 혹시나 해서 기다리고 있었습니다."

갑자기 나타난 낯선 사람이 나를 알아보자 당황스러웠지만, 카페의 글이란 말에 무엇인가 짐작되는 것이 있었다. 나는 그동안 여기저기에서 장사하며 겪었던 체험담을 한 포털 사이트의 장사 관련 카페에 일기처럼 연재를 하고 있었다. 그 중에서 삼성역에서 노점상을 하던 이야기도 있었는데, 갑자기 나타난 이분이 그 글을 보고 내가 어떤 사람인지 궁금해서 기다리고 있었던 것이다.

갑작스런 만남이었지만 식사라도 하자는 그분의 제안에 장사를 접고 따라 나섰다. 어차피 시간도 너무 늦었고, 단속에 걸려 기분도 가라앉았던 터라 가벼운 마음으로 인근 카페로 향했다.

간단한 식사를 하면서 서로에 대해 이야기를 나누다 보니 그분의 정체를 알게 되었다. 그분은 100여 명의 직원을 두고 골프게임과 블로그 포털, 캐릭터 포털 등을 개발하는 소프트웨어 회사의 사장님이었다.

그런데 이분이 처음부터 소프트웨어 개발 회사를 창업한 것이 아니었다. 맨 먼저 컴퓨터 학원을 창업했다. 그것도 돈 한 푼 들이지 않고 시작했다고 한다. 대학생 때 이미 창업을 했는데 방학 때 학생들이 자주 사용하지 않는 대학교의 컴퓨터실을 학교의 허가를 받아 학원으로 삼은 것이다. 강좌를 개설해서 인근 주민들에게 알리고 수강생을 모집해 시작한 컴퓨터 학원은 성공적이었다.

비어 있는 대학교의 컴퓨터실을 학원으로 활용한다는 아이디어는 지금 생각해도 누구나 가능하다고 볼 수 있다. 그러나 역시 성공은 머릿속에 있는 것이 아니라 행동 속에서 살아 숨 쉰다. 생각이 떠오르면 곧바로 실천으로 옮기는 열정이 그분에게 성공을 안겨 준 것이다.

그렇게 저비용으로 창업했던 그분의 이야기 속에서 자신감과 자부심이 엿보였다. 또한 나 역시 수많은 난관과 어려움 속에서도 소신을 갖고, 지금은 비록 노점상이지만 앞으로 이분처럼 될 수 있다는 생각에 뿌듯함마저 느낄 수 있었다. 사실 수많은 성공사례를 보면 항상 노점상으로 시작을 하거나, 허름한 창고를 사무실로 삼아 창업한 경우가 많다. 성공한 사람의 과거는 비참할수록 아름답다는 말이 있다. 그렇다면 나도 지금의 고생을 미래에는 달콤한 추억으로 떠올릴 수 있지 않겠는가!

이렇게 성공을 향한 지치지 않는 도전과 열정에 관한 이야기를 나누며 심기일전하던 그날의 만남이 끝나갈 무렵, 갑자기 그분이 다음 일정을 물었다. 그래서 원래는 부산에 가려고 했는데 단속을 당하는 바람에 무산되고 말았다고 대답했다.

“허허, 그러지 말고 다녀 와. 내가 자금을 빌려줄 테니.”

“에휴, 사장님. 호랑이는 굶주려도 풀은 뜯지 않습니다. 가진 돈도 없는데 빌린 돈으로 부산을 어찌 가겠습니까?”

“하하! 그럼, 부산에서 얻은 매출을 나누는 조건으로 내가 20만 원을 투자할 테니. 어때?”

생애 첫 투자 제의를 받은 나는 얼떨떨했다. 비록 20만 원에 불과하지만 내게는 그 의미가 남다를 수밖에 없었다. 사실 돈을 빌리는 것이나 마찬가지라 부담은 되었지만, 투자라고 하니 당시에는 누군가 나를 인정해 주는 것 같아 왠지 나 자신이 멋있게 보였다.

그때 그 사장님을 못 만났더라면 아마도 부산에는 내려가지 못했을 것이다. 그리고 부산에 가지 않았더라면 내가 영업이라는 한 우물을 깊고 꾸준히 팔 수 있게 해준 또 다른 은인들을 만날 일도 없었을 것이다. 이렇듯 열정을 공유한 사람을 만난다는 것은 굉장한 행운이다. 그러나 그 행운은 잠시 왔다가 사라질 수 있다. 내가 그동안 인터넷 카페를 통해 나의 열정을 어떻게 행동으로 실천하는지를 있는 그대로 꾸준히 보여 주었기 때문에 행운도 찾아온 것이다.

걸림돌과 디딤돌의 차이

뜻하지 않게 투자를 받은 나는 친구들과 함께 부산으로 향했고,

역시 예상했던 대로 장사는 꽤 잘됐다. 불과 서너 시간 팔았을 뿐인데 짭짤한 수익을 올린 우리는 인근 찜질방에서 눈을 붙이고, 다음날 아침 해운대로 향했다. 장사 관련 인터넷 카페의 부산 운영자가 있는 곳이 해운대였기 때문이었다.

해운대라고 해서 막연하게 바닷가를 떠올렸던 나는 빌딩으로 빼곡한 도심을 보고 내심 놀랐다. 어릴 때 가족들과 피서를 갔던 동해안의 어느 바닷가 마을이 아니었다. 길이 복잡해 물어물어 부산지역 운영자의 사무실을 찾아간 나는 점심식사를 함께 한 후에 사무실에서 이런저런 이야기를 나눴다.

"심 형, 요즘 장사는 좀 어때?"

"핸드폰 줄도 팔고 가방 장사도 같이 하는데 열심히 해서 그런지 그런 대로 잘되고 있습니다."

"가방도 파나? 그럼 어디 가방 팔 때 치는 멘트 좀 들어볼까?"

느닷없는 주문이었지만, 먼 타지에서 반가운 분을 만났던 터라 주저 없이 평소에 가방을 팔면서 외치던 멘트를 시작했다. 혼자서 신나게 멘트를 읊어 대자 그분은 잘하기는 하지만 약간 고칠 부분이 있다면서 몸짓과 목소리 톤을 수정해 주었다. 이렇듯 사소한 것 하나까지 세일즈에 대해 지도하는 그분의 열정에 감복한 나는 한마디 말도 놓치지 않기 위해 귀를 쫑긋 세웠다.

반나절이 그리 긴 시간은 아니지만, 그렇다고 처음 만난 사람에게 무작정 할애할 만큼 짧은 시간도 아니다. 혹여 귀찮을 수도 있을 텐데 그분이 그렇게 시간을 내준 것은 어린 사람의 치기 어린 열정을 기특하게 봤기 때문이었으리라. 그때 배운 것들은 내게 성공과 실패를 가름하는 중요한 경험이 되었다.

또한 낯선 사람에게 자신의 노하우와 경험을 들려주며 잘되기를 빌어 주는 그분의 마음 씀씀이에 감동받았다. 그 후부터 나 역시 주위에 항상 베풀며 살아가는 사람이 되자고 결심했다. 그리고 나름대로 장사와 세일즈를 하면서 맛본 성공과 실패의 교훈을 이제 막 시작하는 초보 창업자들에게 전달하기 위해 애썼다. 〈청년사업진흥협회〉〈한국영업인협회〉 등의 동호회를 만들게 된 것도 이런 결심의 일환이었다.

이토록 소중한 가르침을 준 그분은 내게 사부와 마찬가지였다. 그분에게서 세일즈에 대한 자긍심과 더불어 사소한 것 하나 놓치지 않는 치밀함과 열정을 배웠다. 그리고 그 열정을 주위 사람들과 나눌 줄 아는 베풂의 정신을 갖게 했다. 내 미니홈피를 보면 제일 먼저 눈에 띄는 것이 바로 'Give and No Take'라는 문장이다. 불교 용어인 '무주상보시無住相布施'라는 말과 같은 뜻이다. 즉 아무런 대가를 바라지 않고 남에게 나눠 주는 것을 뜻한다.

사람들은 흔히 'Give and Take'를 말한다. 무언가를 바란다면 먼저 줘야 한다는 것인데, 이는 철저히 상호관계를 따지고 서로의 이익을 충족시켜야 한다는 의미다. 그러나 받기 위해 주는 것, 받기를 바라는 것을 떠나 당연히 자신의 것을 나눠 준다면 반드시 준만큼, 아니 그보다 더 큰 것이 돌아오게 되어 있다. 막연한 이야기로 들리겠지만, 23살에 창업해 어느덧 10년 넘게 사업하면서 이런 베풂과 나눔의 순환을 몸소 느낄 때가 정말 많다.

당장 이익이 없더라도 자신의 노하우의 열정을 나눈다는 것은 상대방의 믿음을 얻을 수 있는 가장 좋은 방법이다. 사회적인 모든 만남 등에서 욕심을 비우고 상대의 이익을 생각해 주면 오히려 상대로부터 꼭 필요한 사람으로 인정받게 될 확률이 높다.

베풂이란 것이 꼭 물질적인 도움을 뜻하는 것은 아니다. 내가 가진 능력을 포함해 무엇이든 남을 위해 사용할 수 있다면 그 어떤 것이라도 훌륭한 베풂이 될 수 있다. 나처럼 실패의 경험담과 성공을 위한 멘토링도 초보 창업자들에게 도움이 되고, 기부활동을 열심히 하는 사람도 베풂을 실천하는 것이다. 심지어 젊은 사람이 버스나 지하철에서 자리를 양보하는 것이나, 어린 아이들이 인사를 잘하고 웃는 얼굴로 주위 사람들을 대하는 것도 베풂이다. 이처럼 사소한 행동에서부터 베풂은 시작할 수 있다.

베풂은 성공을 하기 위한 가장 기본적인 마음가짐이다. 지금 베풀고 나눌 수 없는 사람이 나중에 성공해서 베풀겠다고 하는 것은 어불성설이다. 베풂을 경험하지 못한 사람일수록 보유한 부의 크기만큼이나 욕심도 증가하기 때문이다. 소유한 부의 크기만큼 나눌 수 있는 넉넉한 마음이 함께 성장한다면 성공의 의미는 더욱 커질 것이다.

열정의 네트워크를 갖춘다는 것은 베풂의 관계를 넓힌다는 의미와 일맥상통한다. 서로의 열정을 인정하고 배울 수 있기 때문에 자신이 가진 것을 나눌 수 있다. 이러한 기회는 다양한 모습으로 찾아온다. 특히 어려움으로 가장하여 찾아오는 기회가 많다. 나는 이것을 성공의 디딤돌이라고 부른다. 실패한 사람은 길을 가다 돌에 걸리면 걸림돌이라고 하지만, 성공한 사람은 한 발짝 더 멀리 뛸 수 있는 디딤돌로 여긴다고 한다.

하루하루를 소중히 여기고, 주변의 사소한 것이라도 자신의 발전에 도움이 되도록 도모하면 분명히 긍정적인 결과가 나타날 것이다. 내가 쏟아 부은 열정의 씨앗이 커다란 나무가 된다면 이 베풂은 자신에게 돌아와 성공을 위한 디딤돌이 되어줄 것이다.

사람들은 내게 위기마다 도움을 주는 사람들이 너무 쉽게 나타난다며 인복을 타고났다고 부러워한다. 그러나 내 인복은 타고난 것이라기보다 스스로 만든 것이라고 봐야 한다. 나는 사람을 만날 때 쉽게 잊히지 않도록 눈에 확 들어오는 복장과 톡톡 튀는 자기소개, 특이한 명함을 사용한다. 그리고 상대방의 명함을 받으면 꼭 귀가하면서 문자라도 보내고, 다음날 아침 일어나 이메일과 쪽지로 안부를 묻는다. 일주일이 지난 후에는 다시 연락해서 내 존재를 기억하게 한다. 이뿐만 아니다. 나는 요즘처럼 감성이 메마른 시대에도 아침에 다섯 통의 편지를 펜으로 종이에 써서 우체통으로 향한다.

나의 열정을 이해해 주는 인맥은 저절로 생기는 것이 아니다. 어떤 모임에서든 명함을 주고받더라도 남들과 다르게 차별화하고, 진정성을 어필하기 위해 노력해야 한다. 그러면 유능하고 믿을 만한 사람이라는 평가와 함께 꾸준한 연락이 가능해진다. 그러다 보면 사업 제안을 해오는 경우도 많이 생길 수밖에 없다. 이처럼 나의 열정 네트워크는 꾸준한 노력과 정성, 그리고 규칙적인 연락이라는 기본으로 다져진 것이다. 지금도 가장 중요하게 생각하는 것은 아침마다 펜을 들고 직접 쓴 다섯 통의 편지다.

• 넉넉하지 않아도 베풀 수 있다 •

석가모니의 일화 중에서 다음과 같은 이야기가 있다. 어떤 사람이 석가모니를 찾아와서 물었다.

"아무리 노력을 해도 제가 하는 일이 잘되지 않습니다."

"그것은 충분히 베풀지 않아서 그러느니라."

"저는 남에게 베풀 만큼 넉넉한 형편이 안 됩니다."

석가모니는 넉넉하지 못하다는 말에 재물이 없어도 남을 도울 수 있는 일곱 가지 방법을 알려 주었다.

첫째, 화안시和顔施 – 화색을 띈 부드럽고 정다운 얼굴로 남을 대하는 것이다.

둘째, 언시言施 – 말로도 얼마든지 베풀 수가 있으니 친절하고 따뜻한 말을 남에게 건네라는 것이다.

셋째, 심시心施 – 동정심 등 마음의 문을 열고 따뜻함을 주는 것이다.

넷째, 안시眼施 – 남이 평온한 느낌을 가질 수 있도록 호의를 담은 눈으로 바라봄으로써 베푸는 것이다.

다섯째, 신시身施 – 몸으로 행하며 봉사하는 것으로, 남의 짐을 들어준다거나 일을 돕는 것이다.

여섯째, 상좌시牀座施 – 남에게 자리를 내주어 양보하는 것이다.

일곱째, 방사시房舍施 – 남에게 자기의 방을 내주거나 집에 와서 쉬게 하는 것이다.

이밖에도 찰시察施가 있는데 '굳이 상대방에게 묻지도 않고서도 세세히 헤아려 돕는 것'을 말한다. 이렇게 돈이 없어도 베풀 수 있는 일곱 가지인 무재칠시無財七施가 있다. 자기 곳간에 쌀가마니가 채워져야만 남에게 베풀 수 있다는 생각은 영원히 베풀지 않겠다는 말과 다름없다. 지금 당장 행동으로 실천할 수 있는 무재칠시를 통해 주위를 보살핀다면 분명 그들은 마치 거울과도 같이 똑같은 행동으로 나를 대할 것이다.

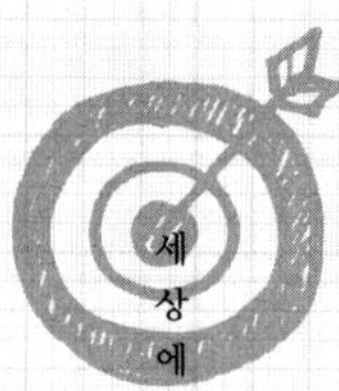

세상에 나의 꿈을 소리치다

Part 3

세일즈에 영혼을 담아라

15초의 짧은 순간이
성공을 좌우한다

직접 고객을 대면해서 물건을 파는 세일즈는 어찌 보면 폭 넓은 인간관계를 뜻하는 것이라고 할 수 있다. 평소에 고객을 어떻게 생각하고 있느냐에 따라 세일즈의 결과는 극명하게 갈리는 법이다. 고객을 한 번 만나고 말 사람이 아니라 평생지기처럼 소중히 여긴다면 소홀히 대할 수가 없다.

단 한 번 스쳐 지나가더라도 얼굴을 마주봐야 하는 고객에게 안 좋은 인상을 남긴다면 그보다 더 큰 손실은 없을 것이다. 인터넷을 통한 의사소통의 확대로 우연히 들른 매장이나 식당에서 불쾌함을 느낀 고객이 자신의 경험담을 쉽게 타인과 공유한다.

따라서 고객과 만날 때는 찰나의 순간마저 친절함을 놓쳐서는 안 된다. 스칸디나비아 항공의 전 회장인 얀 칼슨은 이렇게 말했다. "진실의 순간, 즉 MOT^{Moment of Truth}는 투우사가 소와 일대일로 대결하는 최후의 순간을 말한다. 투우사가 소의 급소를 찌르려는 순간, 도저히 피하려고 해도 피할 수 없는 그 순간, 실패가 허용되지 않는 찰나 말이다. 고객이 종업원이나 기업의 특정 사원과 접촉하는 15초의 짧은 순간이 회사의 이미지, 나아가 사업의 성공을 좌우한다."

내 진실이 제대로 전달되는 데 필요한 시간은 15초면 충분하다. 시간이 모자라서 나의 진정성을 고객이 몰라준다는 것은 어찌 보면 비겁한 변명일 뿐이다. 혹자는 그저 눈빛과 표정만 봐도 알 수 있다고 한다. 고객을 봉으로 여기는지, 아니면 정말 진심으로 고객을 대하는지 말이다.

친절은 혹자의 말처럼 벙어리도 말할 수 있고, 귀머거리도 들을 수 있는 단어다. 그만큼 가장 기본적인 것이자, 상대방이 쉽게 판단할 수 있는 근거가 된다. 그리고 세일즈의 성공여부를 결정짓는 핵심요소다. 친절로 소문난 일본의 MK택시는 직원들에게 한시라도 빠짐없이 친절이 몸에 배게 교육을 시켰다. 그래서 이제는 일본 교토의 명물 중 하나가 되었으며, 성공 비즈니스의 사례로 인정받고 있다. 이를 벤치마킹한 우리나라의 안동병원도 친절이 곧 병원의 상징이 되었다. 이 병원은 MK택시로부터 친절에 관한 교육을 받고 난 후 환자들이 엄청나게 몰려들기 시작했다고 한다. 갑자기 의료진이 예전보다 훨씬 좋아진 것도 아니고 최첨단 장비가 들어온 것도 아니다. 그저 과거보다 더 친절하게 인사하고 미소로 환자를 대할 뿐인데 커다란 변화가 일어난 것이다.

그렇다고 친절한 태도가 하루아침에 몸에 배는 것은 아니다. MK택시만 하더라도 처음 친절에 관한 인사교육을 할 때 내부의 반발이 심했다고 한다. 인사를 하지 않아도 택시를 탈 손님은 넘치는데 뭐가 아쉬워서 기사가 고개를 숙여야 하냐며 퇴사하는 사람들도 있었다. 그러나 이제 고객이 승차하면 인사부터 건네는 MK택시는 일본을 방문하는 세계 유명 인사들이 관용차량 대신 이용할 정도로 각광받고 있다. 안동병원 역시 부도위기에 몰렸던 병원이 친절을 무기삼아 기사회생했을 뿐만 아니라 흑자 병원으로 바뀌었다. 친절의 힘은 이렇듯 생각했던 것 이상의 위력을 발휘한다.

친절은 가식이 아니라 내공이다

MK택시나 안동병원처럼 변화는 거창하게 돈을 들여 무언가를 바꾸는 것이 아니라 사소한 것에서부터 시작되었다. 가장 기본적인 인사부터 습관으로 바꾸어 시작된 친절한 서비스의 결과는 환골탈태換骨奪胎에 가깝다. 이렇듯 사소한 인사에서 구분되는 친절과 불친절의 차이는 아마도 종이 한 장밖에 안 될지도 모른다. 그러나 그 종이 한 장의 차이가 고객에게는 불쾌함, 아니 적대감마저 불러일으킬 수 있다. 나 역시 세일즈를 하는 입장에서 친절이 몸에 배도록 노력하고 있지만, 생각하면 할수록 친절은 가식적인 표현이 아니라 내공이 쌓여야지만 가능하다는 것을 알게 된다.

부산을 다녀오고 쌀쌀한 늦가을 바람이 불 때였다. 처음 장사를 시작하고 한 달도 안 돼 천만 원의 빚을 졌기 때문에, 나와 친구들은 어떻게든 열심히 돈을 벌어 갚으려고 조금씩 쌀쌀해지는 날씨에도 불구하고 묵묵히 장사를 하고 있었다. 당시 장사를 하던 곳이 경희대학교 정문 앞이었는데, 대학생뿐만 아니라 인근 중·고등학교 학생들 대상으로 동전지갑과 액세서리, 핸드폰 줄을 팔았다.

정신없이 장사에 열중하더라도 배는 고픈 법이라 마침 근처 만두집이 있어 단골 삼아 자주 가게 되었다. 나와 친구들은 대학 앞의 수많은 음식점 중에서 유독 그 만두집을 좋아했다. 그 이유는 바로 만두 맛보다 가게의 점장님 때문이었다. 거칠다면 거친 노점상을 하다보니 사시사철 표정을 관리하기가 힘들었는데, 항상 웃음을 짓고 있던 점장님이 매우 인상 깊어 식당을 나온 뒤에도 한동안 뇌리에서 떠나지 않을 정도였다. 게다가 항상 친절한 행동과 고운 말투로 손님들을 편안하게 해주던 최고의 점장님이었다. 만약 내가 가게를 여러 곳에 오픈하여 관리자를 둔다면 꼭 그분과 같은 사람을 채용해야겠다는 결심이 들 정도였다.

그런데 어느 날 그 만두집에서 밥을 먹고 있었는데, 입에서 무언가 "빠직!"하는 소리가 나서 뱉어 보니 철 수세미의 철실오라기가 나오는 것이 아닌가. 이를 옆에서 본 친구는 곧바로 점장을 불러 항의를 하라고 부추겼다.

"야, 뭐해? 빨리 점장 불러! 잘하면 음식 값 공짜야."

"됐어. 밥을 먹다 보면 돌도 씹을 수 있는 것이고, 철도 씹을 수 있는 건데 웬 호들갑이야?"

친구의 부추김에도 그냥 그러려니 하고 계속 밥을 먹었는데 이번에는 반찬 사이에 식자재를 포장하는 비닐 조각을 발견했다.

"현수야. 이건 아니다. 한끼 먹으면서 두 번이나 이런 일이 생겼으니 뭐라고 한마디 해라."

"아냐. 다른 손님이 당할 수도 있는 것을 내가 당했으니 오히려 잘됐어. 평소 점장님을 봐서는 이번 일은 한 번 있을까 말까 하는 실수일 거야. 삼키지 않고 지나갔으니 됐어."

지금껏 밖에서 밥을 먹으며 머리카락 한 올이라도 음식에서 나오면 꼭 주인을 불러 따지던 내가 그냥 조용히 넘어가자며 오히려 점장을 감싸기까지 했으니 친구들은 의외라는 반응을 보였다.

나도 세일즈를 하는 사람이다. 그 점장님을 믿고 안 믿고는 순전히 내 주관적인 생각이지만 나를 이렇게 생각하도록 만든 것은 점장님의 변함없는 미소와 친절이었다. 그렇게 보면 만두가게에서의 내 행동은 당연한 결과라고 생각했다.

　사실 세일즈를 하다 보면 수많은 사람들을 만나게 된다. 나의 친절에 고객 역시 따뜻한 미소로 대답해주면 신이 절로 나 흥겨운 법이다. 그런데 모든 고객이 항상 미소를 짓는 것은 아니다. 세일즈를 하는 사람이라면 내 친절 여부와는 상관없이 항의하는 고객을 만나봤을 것이다. 그런데 가끔 고객이 괜한 트집으로 생사람을 잡는 것처럼 보일 때가 있다. 이럴 경우에는 아무리 물건을 파는 입장이지만 분한 마음이 든다. 장사를 떠나 인격적인 모독을 당했다고 여길 수 있다. 그러나 세일즈를 하는 사람에게 '장사를 떠나서 생각한다'라는 것은 있을 수 없다. 곰곰이 생각해 보면 불만이나 항의를 하는 사람들은 하찮은 것을 갖고 트집잡는 것이 아니다. 그보다 이런 불만들은 대부분의 고객들이 갖는 내 물건에 대한 평가일 수 있다.

　항의하는 사람을 만난다면 짜증을 내거나 피하려 하지 마라. 오히려 그들이야말로 내 상품의 훌륭한 평가자가 될 수 있다는 것을 명심해야 한다. 불만 섞인 고객의 목소리에 귀를 기울여 보면, 무조건 물건이 나쁘다고 하는 사람보다 무언가 아쉬운 점이나 그동안 발견하지 소소한 결함을 이야기해 주는 경우가 있다. 그런데 감정적인 대응에 기분 나쁘다고 함께 삿대질을 하거나 언성을 높인다면 세일즈를 그만하겠다고 선언하는 것과 다를 바 없다.

　〈청년사업진흥협회〉동호회에서 창업한 지 얼마 되지 않는 20대 조보사장들끼리 저녁식사 겸 모임을 갖기 위해 한 식당을 갔을 때였다. 마침 참석하기로 약속한 몇 분이 개인사정으로 불참하게 되어 예약한 인원보다 적은 인원이 식사를 하게 되었다. 식당에 도착하기 전에 미리 이 사실을 알리고 매니저에게 양해를 구해서 아무런 문제가 없을 줄 알았다. 당연히 예약을 했을 때보다 비용도 줄어들 것으로 예상했다. 그러나 내 예상은 보기 좋게 빗나갔다. 식당의 매니저는 사정을 봐주지 않고 원래 예약한 인원만큼 돈을 지불해야 한다는 것이었다. 애당초 우리 측의 과실인지라 그냥 수긍하고 모임을 갖고 식사를 했다. 식사를 마친 뒤 자리가 마무리될 즈음 매니저를 불렀다. 그리고 비용은 사전에 예약한 금액을 지불하더라도 실제로 식사를 하지 않았으니, 나중에 왔을 경우에 할인을 받을 수 있는 쿠폰이나 식사 초대권 같은 것이 있으면 받을 수 있는지 물었다.

"손님, 저희는 그런 것을 취급하지 않습니다."

매니저가 내 말이 끝나기가 무섭게 일방적으로 잘라 말하자 나는 괜스레 신경이 날카로워졌다.

"아니, 돈을 내고도 못 먹었는데 나중에 신경을 좀 써 주시는 게 그렇게 딱 잘라서 말할 일인가요?"

"그건 손님 측 과실이고, 저희는 그 인원에 맞춰 식자재를 준비했습니다. 재료에 대한 손실은 어떻게 하시려고 그러십니까? 손님께서 드시든 안 드시든 재료는 곧 상해서 버려야 합니다."

“무슨 식당이 우리만 오는 것도 아닐 텐데 그렇게 각박하게 구실 이유가 있습니까? 그럼 값을 지불하고 주문하지 않은 식사를 다시 만들어주세요.”

“그건 안 됩니다. 주문이 있으면 빨리 하시라고 좀 전에 말씀을 드렸잖습니까? 지금은 주방이 마감을 해서 요리가 불가능합니다.”

그런데 내 눈에 새로 만든 음식이 보였다. 그 음식은 뭐냐고 물었더니 우리가 하도 안 나가고 있으니 자기들끼리 먹으려고 만든 것이라고 대꾸하는 것이었다. 나는 기분이 너무 상해 돈도 환불이 안 되고, 요리도 못 해주고, 인원에 맞춰 준비한 식자재는 상해서 나중에 어떤 혜택도 주지 못한다고 하니 그럼 그 식자재를 달라고 하자 그 식자재로 음식을 만들어 먹었다가 불상사가 일어나면 그 탓을 고스란히 자신들에게 돌릴 수 있다면서 식자재 반출은 금지라며 거절했다.

“그럼 집에 가서 먹지 않고 나가자마자 당신들이 보는 앞에서 버리고 갈 테니 얼른 주세요.”

“손님, 왜 그렇게 억지를 부리시나요?”

“손님한테 하는 말이 그게 뭡니까? 서비스 교육을 다시 받으셔야겠네요.”

“그쪽이 저한테 교육을 받아라마라 신경 쓸 일이 아니죠.” “사장님한테 말씀하셔 봤자 별 수 없을 걸요.”

아주 막무가내인 매니저였다. 나와 비슷한 연령대의 여성이었는데, 지금껏 그렇게 형편없는 식당과 매니저는 겪어 보지 못했다. 너무 울화통이 터졌지만, 마침 그날이 어머님 제삿날이어서 일단 집으로 돌아왔다.

식당이나 매장의 종업원은 고객이 처음 만나는 최초의 접점이다. 고객은 자신의 돈을 쓰러 식당이나 매장을 찾는다. 그렇다면 고객을 만족시켜줘야 한다. 심지어 터무니없는 요구를 한다고 해도 왜 그런 요구를 하는지 고객의 심정을 헤아릴 줄 알아야 한다. 종업원은 회사와 고객을 연결하는 일종의 통로와도 같다. 그런데 그 통로가 꽉 막혔다면 결국 폐쇄할 수밖에 없다.

고객은 존중받아야 감동한다

불쾌한 감정을 그대로 간직한 채 집으로 돌아온 나는 어렵사리 받아온 식당 사장님의 연락처로 전화를 걸어 자초지종을 설명했다. 전화로 이야기를 하다 보니 나도 모르게 울분을 토하듯 격정적으로 말을 이어 나갔다. 그럼에도 식당의 사장님은 내 말을 끊지 않고 끝까지 듣고 난 뒤에 연신 "죄송합니다"라고 사과했다. 그리고 나중에 꼭 한번 다시 들러 달라고 신신당부를 했다.

사장님의 진심 어린 사과를 들은 나는 그제야 뛰던 가슴이 진정이 되는 듯했다. 고객의 항의가 극단적인 감정 표출로까지 이어지도록 한 매니저의 실수 때문에 사장님은 머리를 조아려야 했고, 나 또한 괜히 악감정만 갖게 된 일은 그렇게 마무리되었다.

이처럼 그냥 서로 웃고 넘어갈 수 있는 일에도 시비가 붙을 수 있다. 또는 정말 불만사항이 생겨 항의해야 하는 상황이 생겨도 앞의 만두 집처럼 고객이 주인을 감싸줄 수도 있다.

웃는 낯에 침을 못 뱉는다는 옛말이 있다. 사업은 결국 사람과 사람 사이의 소통에서 벌어지는 일이다. 아무리 아이템이 좋고 상술이 뛰어나다 해도, 고객에게 따뜻한 진심이 통하고 편안함이 전달되어야만 사업은 번창할 수 있다. 나도 지금껏 세일즈를 하면서 나름 열심히 한다고 했지만 아직은 부족한 것이 많다. 그래도 항상 고객의 입장에서 생각하며 배려하는 등 고객을 잘 챙기기 위해 노력했던 적이 많았다. 이런 나의 노력을 알아주는 사람도 점차 늘어나 지금까지 몇 년 째 연락을 주고받는 분도 있다.

한 번 고객은 영원한 고객이라는 말은 세일즈의 절대 명제다. '미인대칭비비불^{미소 지으며 인사하고 대화하고 칭찬하라. 비난. 비판. 불평하지 마라}'이란 말처럼 고객에게 항상 미소와 인사, 대화와 칭찬을 하되 비난과 비판, 불평을 하지 말아야 한다. 내가 인상을 쓰고 막대했던 사람이 훗날 내 미래를 손에 쥐고 흔들 사람이 되어 나타날 수가 있다. 그렇기 때문에 고객에게 한 시라도 빠짐없이 감동과 편안함을 줘야 한다. 이것은 선택사항이 아니라 세일즈를 하는 사람으로서 의무와도 같다.

고객에게 감동과 편안함을 준다는 것은 거창한 무언가를 준비하는 것이 아니라 일상의 사소한 것에서부터 고객이 존중받고 있다는 느낌을 받게 하면 언젠가는 고객 스스로가 감동한다는 것을 알았다.

예전에 어느 보험회사의 지점을 방문해 영업할 때 작은 이벤트 하나로 고객의 마음을 얻은 적이 있다. 무작정 찾아간 지점 사무실에서는 때마침 한 직원의 생일 파티가 벌어지고 있었다. '저 파티에 자연스럽게 참여할 수 있는 방법은 없을까?'하고 생각하다 내 차에 여자 친구에게 선물하려고 사둔 사탕으로 만든 꽃다발이 있다는 것을 알았다. 그래서 나는 그것을 챙겨 다시 사무실로 쳐들어갔다.

함께 생일 케이크를 먹고 축하 노래도 불러주며 분위기를 띄웠다. 낯선 사람의 갑작스런 방문과 이벤트에 직원들은 의아해했지만 누구보다 크게 웃고 축하하니 어느덧 모두가 어울려 생일 파티를 즐길 수 있었다. 이런 나의 뻔뻔스런 모습을 보고 지점의 팀장님은 직원들도 나를 본받아야 한다면서 은근히 띄워 주기까지 하셨다. 내친 김에 제품 홍보를 잠시 하게 해달라고 부탁했더니 흔쾌히 허락해 주셨다. 이처럼 서로 기분 좋은 상태에서 제품을 접하게 되면 당연히 좋은 결과를 얻을 수 있다. 가식적이거나 틀에 박힌 박제와 같은 웃음보다 상황에 맞게 고객들을 즐겁게 하고 늘 고객을 감동시킬 수 있도록 마음의 준비를 해야 한다는 말이 들어맞는 순간이었다.

한 번은 부평의 어느 백화점 앞에서 매대를 펴고 면 생리대에 관해 설명한 적이 있다. 그때 한 아주머니가 내 설명을 주의 깊게 듣고 계셨는데 비슷한 또래의 주부들이 모이기 시작했다. 신이 난 나는 열정적으로 제품설명을 하고 있는데 자꾸만 아이들이 방해 아닌 방해를 하는 것이었다. 어른들이야 필요하다 싶어 가만히 설명을 듣는다지만 아이들은 지루할 뿐인지라 잠시라도 가만히 있지를 않았다.

결국 나는 설명하던 것을 멈추고 아이들을 모으기 시작했다. 그리고 꼬마들을 양 무릎에 앉히고 진지하게 대화를 시도했다. "이 상황에서 너희들의 도움이 필요하단다"라고 간절하게 얘기했다. 알아듣든 말든 그때의 나의 심정은 정말 절실했다. 그 와중에 설명을 듣던 한 분은 그냥 가버리셨기에 나는 애가 탔지만 아이들이 조용하게 있을 때까지 기다렸다. 이런 나의 모습이 우습기도 하고 안쓰럽게도 했는지 그곳에서 설명을 듣던 나머지 분들은 모두 계약을 해주었다.

고객을 존중하는 방법으로 내 사무실에 처음 방문하는 손님에게는 미리 그분을 환영한다는 내용의 현수막을 주문해 회사벽에 붙여 놓는다거나, 고객들에게 선물로 이어폰을 보내면서 "우리 ○○님의 말씀에 귀를 기울이겠습니다." 라는 메시지도 함께 전달해 항상 관심을 표현하는 것도 좋다.

이렇듯 고객이 미처 예상치 못한 선물이나 이벤트는 단지 놀라움을 주기 위한 것이 아니다. 기발한 아이디어의 이벤트로 고객에게 즐거움을 주는 것도 중요하지만 그보다 고객의 심정을 미리 헤아리려하는 내 진정성이 제대로 전달되는 것이 중요하다. 그래서 고객의 심정을 미리 헤아리려 노력한다.

"고객의 생각이나 감정을 열지 못하면 고객의 지갑도 열지 못한다"는 국제적인 마케팅 컨설팅 회사의 CEO인 프레드릭 뉴웰의 말이 있다. 이처럼 고객에게 감동을 주는 것, 즉 고객의 마음을 이해하고 헤아릴 수 있어야지만 성공적인 세일즈가 가능하다.

자신만의
전문성을 갖춰라

세일즈를 하면서 느낀 것을 똑같은 물건을 동일한 장소에서 팔아도 사람에 따라 매출의 차이가 발생한다는 것이다. 아무리 목이 좋은 장소일지라도 누가 장사를 하느냐에 따라 성공과 실패는 엇갈리게 된다. 그런데 이런 결과가 단지 사람의 운에 따른 것이라고 할 수 있을까?

물론 장사를 하다 보면 논리적으로 이해가 가지 않는 일들이 가끔 일어나기 때문에 운을 마냥 무시할 수는 없다. 그러나 분명 동일한 환경과 조건에서 결과의 차이가 나는 것은 운만으로는 설명할 수 없다. 그러므로 나는 장사꾼의 자질 차이라고 생각한다.

세일즈를 하려면 어떤 물건을 팔더라도 그 물건에 대해 얼마나 잘 알고 있는지, 또 어떤 고객에게 이 물건이 유용할지를 정확하게 아는 것부터 시작해야 한다. 물건을 파는 사람이 상품에 관한 전문적인 정보가 있어야만 고객의 신뢰를 얻을 수가 있다. 단지 가격을 낮추고 소리를 질러 사람을 모은다고 해도 '이 물건이 어디에 쓰이는 물건인고?'를 정확하게 설명하지 못하면 불신에 가득 찬 시선만 되돌아올 뿐이다.

신뢰란 전문성과 정직함이 뒷받침되어 상대방에게 인정받는 것이다. 그런데 판매자 자신은 전문성을 갖추지 못하면서 광고 전단지나 사용설명서의 표지에 있는 문구 몇 개를 이용해 물건을 팔려고 한다. 이것은 고객을 기만하는 것과 다를 바 없다. 그리고 기만당했다는 것을 알게 된 고객은 두 번 다시 신뢰를 보일 리 만무하고, 오히려 강력한 반대 세력으로 남게 될 것이다.

마흔 넷의 나이에 일본 가네보 화장품의 사장에 오른 지시키 겐지 씨는 전문성의 중요성을 그 누구보다 잘 알고 있었다. 그 뿐만 아니라, 그 스스로가 전문성을 갖추기 위해 각고의 노력을 기울인 덕분에 최고의 자리에 오를 수 있었다.

가네보의 영업사원으로 입사한 그는 열심히 일한 끝에 꿈에 그리던 도쿄의 본사로 발령받게 되었다. 그런데 본사에서 직원들의 말이나 서류에서 전문용어를 몰라 충격을 받았다고 한다. 그때부터 그는 도태될 수 없다는 위기감으로 화장품 관련 서적을 1년에 100권씩 읽으면서 전문가가 되기 위해 피나는 노력을 거듭했다. 이런 전문성을 갖추기 위한 그의 노력은 서른다섯 살에 자회사 사장, 마흔세 살에 가네보 사장이라는 명예를 안겨 주었다.

내가 팔 물건에 대해 완벽하게 이해하라

내가 노점상을 하면서 작업복을 판매한 적이 있었다. 거래처 사장님이 "작업복이 덤핑 물건으로 나왔어. 싸게 줄 테니 한번 팔아보게"라는 제안에 일 욕심으로 덥석 받아들였다. 의욕이 넘쳐 주체 할 수 없었던 시절이라 이것저것 따져볼 여유가 없었다.

작업복을 파는 일은 행상과 같았다. 커다란 비닐봉지에 작업복 바지를 잔뜩 담아 장사가 될 만한 곳을 두리번거리며 돌아다녔다. 마땅히 매대를 펼칠 곳을 찾지 못해 막막했던 나는 일단 사람들이 많이 다니는 길거리에 바지를 깔아놓고 큰 목소리로 외치며 판매를 시도했다. 하지만 특수한 용도의 작업복 바지라서 그런지 쉽게 팔리지 않았다.

'도대체 이 바지를 어디에 가서 팔아야 할까?' 하고 아무리 궁리를 해도 딱히 떠오르는 곳이 없었다. 싸다는 이유로 욕심껏 차에 가득 싣고 나오기는 했으나, 어떻게든 팔아야 한다는 생각뿐 마땅한 판로가 없으니 답답할 따름이었다. 게다가 엎친 데 덮친 격으로 주행 중 자동차 타이어에 펑크가 났다. 어쩔 수 없이 장소 물색을 잠시 포기하고 인근 카센터로 갔다. 카센터의 사장님은 타이어가 너무 닳아 새

것으로 교체해야 한다고 권했지만, 나는 타이어를 교체할 형편이 안 돼 주저했다. 이런 나를 보고 사장님은 불쑥 "재생타이어로 교체하면 싸게 할 수 있어요"라고 귀띔을 해주었다. 그리고 장한평역 근처에 가면 그런 재생 타이어를 취급하는 곳이 많다면서 친절하게 장소까지 알려줬다.

장한평역 근처로 온 나는 저렴한 가격으로 타이어를 구매해 교체 할 수 있었다. 그런데 타이어를 교체하는 동안 주위를 둘러보니 사방팔방에 영세한 규모의 공장과 수리소가 잔뜩 들어서 있었다. 생각지도 못한 곳에서 나는 작업복 바지를 판매할 장소를 찾은 것이다. 너무 기쁜 마음에 수리된 차를 대충 인근에 세워 두고 곧바로 장사에 들어갔다. 바지가 잔득 담겨져 있는 봉지 하나를 꺼내 방금 타이어를 교체한 곳부터 들어갔다. 작업복 바지라고 소개하면서 가격을 말하자 큰 어려움이 없이 판매가 이루어졌다.

그때까지만 해도 내 설명이 설득력이 있고 정확히 바지가 필요한 곳을 찾았기 때문에 잘 팔린 줄만 알았다. 의기양양해진 나는 바로 옆 정비소로 이동했다. 그러나 거기서부터 고난의 연속이었다. 앞에서 바지를 팔 수 있었던 것은 내 능력이 아니라 타이어를 교체한 사례로 마지못해 바지를 사준 것이었다.

당시 나는 작업복 바지에 관해 전혀 알지 못했다. 구매자가 바지의 기능을 물어보는데 바지의 특성에 관해 아무것도 모르고 있으니 조금이라도 설명을 하려고 하면 말문이 막혀 버렸다. 몇 번의 실패를 겪은 후에야 그 사실을 깨달은 나는 혼자 조용한 곳으로 이동해 바지를 꺼내 입어 봤다. 실제로 입어 보니 어디가 불편하고, 어떤 특징을 갖고 있는지를 그제야 알 수 있었다. 그리고 바지를 공급한 거래처 사장님에게 전화를 걸어 원단은 무엇이고, 안감은 무슨 천을 썼으며, 이 작업복 바지의 기능과 장점에 대해 10분 정도 설명을 듣고 달달 외웠다.

스스로 생각해 봐도 기가 막혔다. 이 바지에 방수 기능이 있는지도 몰랐으니 제대로 팔래야 팔수가 없었던 것이다. 그렇게 우여곡절을 겪은 후에야 또 판매에 필요한 멘트를 정리해 근처 자동차 부품 판매와 튜닝을 하는 가게로 들어서기 무섭게 외쳤다.

"열에 강하고 방수도 되는 완벽한 작업복! 마침 덤핑으로 나와 반의 반 값에 급 처분 중입니다!"

그러면서 곧장 정수기로 걸어가 종이컵에 물을 받아 바지에 부어 버렸다. 그리고 준비해 간 멘트를 술술 말했다. 이 바지를 입으면 무엇이 좋고, 막 입어도 되며, 가격 또한 얼마나 저렴한지 모른다며 생글생글 웃으면서 판매를 시도했다. 그때 부품 배달을 왔던 퀵서비스 아저씨가 마침 오토바이를 탈 때 방수도 되면서 험하게 입어도 잘 해지지 않는 튼튼한 바지를 찾고 있었다면서 바로 구매했다. 그러자 다른 사람들도 슬슬 관심을 보이며 바지를 고르기 시작했다.

제품에 대한 전문성! 결국 내가 세일즈를 해야 할 제품에 관해 그 누구보다 완벽하게 꿰뚫고 있지 않으면 아예 팔수조차 없다는 것을 그때 깨달았다. 고객이 판매자보다 제품에 대해 더 잘 아는데 엉뚱한 정보나 잘못된 설명을 한다면 누가 판매자를 신뢰하고 제품을 사겠는가?

비록 작업복 바지는 더 늦지 않은 상황에서 전문성에 대한 깨달음을 얻어 실패를 피할 수 있었지만 그렇지 못한 경우도 있었다. 전문성을 갖추지 못하면 실패의 문으로 들어설 수밖에 없다는 사실을 뼈저리게 느낀 경험이 있는데, 그건 바로 일수 대출 영업이었다.

어느 날 대출 영업의 일환으로 카드 단말기도 팔아 달라는 제안을 다른 거래처 사장님으로부터 받았다. 대충 설명을 들은 후 곧바로 사장님은 다음과 같이 말씀하셨다.

"자, 이것은 우리 카드 단말기고, 저것은 갖고 다닐 전단이야. 그리고 저기는 나가는 문이고, 나가서 열심히 전단을 뿌리면 영업은 저절로 될 테니 어서 시작해!"

세일즈 교육은 이것이 전부였다. 그저 열심히 전단만 뿌리면 저절로 영업이 된다고 하니 반신반의하면서 문을 나섰다. 그러나 나는 당시 이자율을 어떻게 계산하는지, 실질금리와 일반금리의 차이가 무엇인지도 몰랐다. 그냥 300만 원을 대출받으면 일수로 하루에 얼마씩 갚아나가면 된다는 것 정도만 알고 있었을 뿐이었다. 더욱 황당한 것은 카드 단말기에 대해서 전혀 알지도 못한 채 고객과 상담했다는 것이다. 그러니 상담 내내 거래처 사장님에게 전화로 이러저러한 상황에서는 어떤 버튼을 눌러 매출 내역을 조회해야 하는지를 물어볼 수밖에 없었다. 정말 누가 봐도 어설픈 아마추어라는 사실을 눈치 챌 수 있을 정도였다.

그렇지만 젊음이 무기라는 생각에 남들이 손가락질을 하든 말든, 문전박대를 당하든 말든 저돌적으로 부딪쳐 보기로 했다. 워낙 잡상인 취급을 해서 말조차 꺼낼 수 없었지만, 나름대로 잔꾀도 부려 봤다. 한번은 이런 적도 있었다. 명함을 미리 가위로 잘로 놓고 방문한 것이다.

"아니, 이게 뭐에요?"

"어차피 제가 가고 나면 찢어 버리실 거 같아서 수고를 덜어드리려고 미리 찢어 왔습니다. 이처럼 고객님을 최대한 도와드리고 싶습니다. 전단지 한 장 받으시지요."

나중에 광고 영업을 할 때 이 잔꾀의 업그레이드 버전까지 만들어 냈다. 아예 조그마한 책상용 쓰레기통을 사서 그 안에 명함을 넣어 고객에게 주었다.

"웬 쓰레기통이에요?"

"제 명함을 쓰레기통에 버리실 수고를 덜어 드리려고 미리 넣어 왔습니다. 사장님, 요즘 어떤 광고를 하시나요?"

이렇게 넉살 좋은 모습으로 고객을 대하면 나름 재치가 있다며 호감을 사는 데 성공하기도 했다. 그러나 결국 제품에 관한 전문가가 되지 못하면 오히려 부작용이 더 커질 뿐이었다. 심지어 말장난이나 하는 어린 녀석이라는 인식마저 줄 수 있었다.

이 영업을 마무리 짓기까지는 한 달 정도 시간이 걸렸는데, 그때까지도 전문성을 갖추지 못하고 전단만 실컷 뿌리고 다녔다. 그렇게 해서 상담한 것이 고작 2건이었다. 고작 전단지 뿌리기에 관한 전문성만 키운 것이 아닌가 할 정도로 참담한 결과였다. 아무리 좋은 아이템이라도 판매자가 전문성을 갖추지 못하면 일개 병졸에게 관운장의 청룡언월도를 쥐게 한 것이나 마찬가지다. 관운장처럼 능숙하게 청룡언월도를 휘두르려면 그만큼 창술에 능통해야 하는 것은 불문가지다. 어쩌다 한번 휘둘러 본 것을 갖고 마치 관운장이 된 것처럼 으쓱대는 것만큼 꼴사나운 것도 없다.

우연한 성공이란 없다. 기본기부터 다져 가며 자신의 전문성을 키워야만 성공에 이를 확률이 높아진다. 아무리 좋은 제품이라도 그것이 필요치 않은 사람에게는 그 어떤 노력을 해도 필요 없는 법이다. 일단 광고 영업이라면 광고를 필요로 하는 점포를 방문해야 성공 확률이 높은 것은 당연하다. 그런데 단지 현란한 말솜씨로 닥치는 대로 영업을 하려 했으니 성공률도 낮을뿐더러 전문성도 떨어졌기에 열심히 영업을 해도 고객의 불만이 늘어가는 상황이 벌어졌다.

열심히 발품을 팔아 가며 판매를 하는 것도 중요하지만, 누가 무엇을 왜 필요로 하는지, 그리고 내가 그것을 충족시켜줄 수 있는지를 따져보고 만반의 준비를 해야 한다. 진정한 세일즈의 전문가가 되려면 "차가운 머리와 따듯한 가슴Cool Head Warm Heart"란 오랜 격언처럼, 냉철한 전문성과 따뜻한 마음으로 고객을 대할 수 있어야 한다.

다음은 없습니다. 오늘이 마지막입니다

작업복 바지와 일수대출 영업은 내게 전문성의 중요성을 깨닫게 했다. 그런데 이 두 가지만으로도 모자라 또 한 번의 시행착오를 겪은 적이 있었다. 그것은 바로 내게 속된 말로 '악과 깡'을 키워 준 광고 영업이었다. 이 영업을 하는 동안 나는 철저히 나 자신과의 싸움을 벌였다.

전문성은 단지 머릿속의 지식만을 이야기하는 것은 아니다. 내가 하고자 하는 일에 대한 정확한 지식과 판단에 덧붙여 강한 확신을 가져야 한다. 자신도 믿지 못하고 고개를 갸웃거리는 제품을 어떻게 고객에게 팔 수 있겠는가? 광고 영업은 바로 내게 전문성과 확신을 함께 갖춰야지만 세일즈를 할 수 있다는 교훈을 안겨 주었다.

광고 영업은 장사 관련 인터넷 카페의 정모에서 만난 사장님으로부터 제안 받은 아이템이었다. 들어 보니 돈도 제법 벌 수 있고, 조건 또한 괜찮은 것 같아 귀가 솔깃했다. 이때만 하더라도 세일즈 아이템에 대한 대략적인 설명을 듣고 괜찮다 싶으면 덥석 하겠다고 나서는 버릇이 남아 있었다. 그래서 앞뒤 가리지 않고 덥석 그 제안을 받아들여

곧바로 영업에 착수했다.

대충 시작한 일의 대가는 가혹했지만 내게는 둘도 없는 깨달음을 가져다주었다. 광고 영업을 통해 내 자신이 얼마나 엉터리 세일즈맨이었는지를 뼈저리게 깨달았고, 지금까지 세일즈를 하면서 늘 도움이 되는 몇 가지 진리도 배울 수 있었다.

제대로 준비하지 않은 상황에서 시작한 광고 영업은 역시나 막막했다. 달랑 광고 책자 샘플 하나를 들고 가서 "가격이 이러니 하나 하세요"라는 식의 말만 건넬 뿐, 어떻게 설득할지 방법도 생각하지 않았고 요령도 없었다. 그저 무작정 많이 뛰어다니기만 했다.

오로지 오기와 끈기, 그리고 뚝심으로 하는 세일즈도 물론 필요하다. 그러나 영양분을 섭취하겠다고 상한 우유를 무턱대고 마실 수는 없지 않은가. 영업을 하려면 기본적으로 인내심이 필요하지만 효율이 떨어지는 방식을 무수히 반복하면서 시간을 낭비할 필요는 없다. 그러나 당시의 나는 바로 그렇게 만용에 가까운 짓을 하고 있었다. 딱히 효율적인 광고 영업 방식을 알지 못했던 나로서는 가가호호 방문하면서 무작정 판매를 시도했고, 그 결과는 열흘이 되도록 단 한 건의 계약도 성사시키지 못했다.

그렇게 열흘이 지나자 아침에 눈이 안 떠지고, 괜히 머리가 아프기까지 했다. 오죽했으면 밖으로 나가기가 싫을 정도였을까? 무언가에 쫓기는 사람처럼 밤새 뒤척이며 불면의 밤을 보냈고, 강박증에 걸릴 정도의 두려움마저 느끼게 되었다. 사정이 이렇다 보니 일이 손에 잡힐 리가 없었다.

또 다시 하루가 지나고, 이틀이 지나고, 시간은 흘러가는데 도살장에 끌려가는 소 마냥 떨어지지 않는 발걸음을 힘겹게 떼며 마지못해 한 집씩 방문했다. 죽도록 하기 싫다는 말이 실감이 났지만, 여기서 포기하면 장차 크게 성공할 내 인생에 큰 오점으로, 아니 성공의 발판마저 잃어버릴 수 있다는 생각에 억지로라도 일을 계속 해나갔다.

말 그대로 닥치는 대로 이집 저집을 방문한 나는 그저 열심히 하는 만큼 될 것이란 믿을 맡고는 요령도, 효율도, 아무것도 생각하지 않았다. 이처럼 하루에 100여 곳에 넘게 방문해 목이 쉴 때까지 영업을 했지만 결과는 나아지지 않았다. 계란으로 여러 번 바위를 친다고 바위가 깨지지 않는 것처럼 내 노력은 그저 나만의 헛된 고생일 뿐이었다. 일은 열심히 하는 것도 중요하지만 결국 잘할 줄도 알아야 한다는 것을 미처 생각하지 못한 것이다.

상식적으로 광고 영업을 하려면 주로 야식, 배달 음식점, 학원을 중심으로 해야 하는데, 열심히 한다는 생각에 동네 문방구까지 들어가 영업을 하는 등, 닥치는 대로 돌아다녔다. 그렇게 돌아다니다보니 죽으라는 법은 없는지 거저줍다시피 한 계약이 마침내 생기기 시작했다.

그때가 광고 영업을 한 지 딱 보름이 되는 날이었다. 이제 더 이상 성과가 없다면 사업이고 뭐고 다 때려치우겠다는 결심을 했던 터였다. 이렇게 비장한 각오 때문인지 왠지 모를 자신감마저 생겨 무언가 할 수 있으리란 기대감으로 지하철 7호선 마들역 근처의 어느 컴퓨터 학원에 들어섰다.

학원에 들어서자 때마침 수업을 마치고 아이들과 얘기 중이던 원장에게 무작정 광고를 하나 내라고 권유를 했다. 그러자 원장은 잠깐 기다리라고 하는 게 아닌가. 우연이기는 했지만 고객을 만나는 타이밍과 적절한 시기가 중요하다는 생각을 했고, 대부분의 반응은 관심 없다며 나가라는 것이 대부분이었는데 기다리라고 하니 은근히 기대가 되었다.

아이들과 이야기를 마치고 돌아온 원장에게 나는 내가 알고 있는 어설픈 정보들을 나열하기보다 원장의 얘기를 듣는 쪽을 택했다. 그러더니 컴퓨터 학원 말고도 영어 학원과 수학 학원도 함께 운영하고 있다면서 같이 광고를 하면 조건이 어떻게 되냐고 물었다. 정말 생각지도 못했던 행운을 얻게 된 것이다. 나는 적정 가격을 제시하고, 3건의 계약을 성사시켰다.

너무 기쁜 나머지 콧노래를 흥얼거리며 '이제는 학원이다'라는 생각에 주위를 둘러보기 시작했다. 저 멀리 피아노 학원을 발견하고 찾아가 문을 크게 두드렸다. 그리고 대답을 기다리지 않고 슬쩍 안으로 들어갔다. 그런데 이게 웬일이가! 마친 오픈하기 직전의 피아노 학원이었던 것이다. '그렇다면 당연히 광고가 필요하겠구나!'라는 생각이

들었지만 섣불리 광고 얘기는 꺼내지 않고 청소를 하고 있던 원장에게 다가갔다.

"원장님! 오픈한 지 얼마 안 되신 것 같은데, 학원생들은 많이 모으셨나요?

"그냥 꾸준히 모으는 중이에요."

나는 기회다 싶어 광고를 해서 학원생들을 많이 모집해야 하지 않냐며 운을 뗐다. 그러자 원장은 내 제안에 동의는 하면서 광고는 다음에 하겠다고 대답했다.

세일즈를 하는 사람들이 가장 흔하게 듣는 핑계이자 거절이 바로 "다음에 할게요"다. 낙담한 나는 생각하면 할수록 이해가 되지 않았다. 광고를 해야 하는 이유도 분명하고, 또 원장 본인도 지금이 광고를 해야 하는 시기임을 인정하면서도 다음에 한다고 하니 쉽게 물러설 수가 없었다. 어차피 오늘 실적을 제대로 못 낸다면 아예 사업을 접어버리겠다는 생각을 하고 있었던 터라 더 이상 주저할 이유가 없었다. 오늘이 세일즈맨으로서 나의 마지막 날이었던 셈이다.

"다음은 없습니다. 오늘이 마지막입니다. 지금 하시죠."

나는 확신에 찬 목소리로 외쳤다. 그랬더니 원장은 내 얼굴을 바라보더니 너무나도 순순히 대답했다.

"네, 알겠어요. 지금 할게요."

이게 무슨 조화란 말인가. 사람의 마음이 아무리 갈대와 같다지만 순식간에 상황이 바뀐 것에 나는 속으로 적잖이 놀랐다. 계약을 마치고 나온 뒤에 다시 한 번 생각해 봐도 약간은 어이가 없다는 생각이 들었다. 광고를 해야 한다는 것에 동의를 하면서도 다음에 하겠다던 원장이 내가 다음은 없다고 하자 그럼 바로 하겠다고 결정한 이유에 대해 곰곰이 생각해 봤다.

현대인들은 알게 모르게 하루에도 3천 번 이상의 광고를 접한다고 한다. 1분에 약 3회 이상의 광고 홍수 속에 노출되는 사람들은 일단 물건을 권하면 자연스럽게 방어 본능이 작동하는 것이다.

고객의 이런 마음을 세일즈 하는 사람들이 꼭 알고 있어야 한다. 즉 제품이나 서비스를 권유했을 때 부정적이거나 미지근한 반응은 세일즈를 하는 사람에 대한 거부라기보다 본능적인 방어라는 것을 말이다. 절대로 세일즈를 하는 사람들의 인격이나 제품의 단점을 보고 거절하는 것이 아니다. 그러니 고객이 보이는 최초의 반응에 좌절하거나 그대로 주저앉아서는 안 된다.

컴퓨터 학원과 피아노 학원에서 영업에 성공한 나는 탄력을 받아 이후에는 하루 5~6건의 실적을 올렸다. 처음 시작할 때는 경쟁 업체들의 단가도 몰랐고, 고객들이 선호하는 광고가 어떤 것인지, 광고의 장점과 단점이 무엇인지에 대한 기초지식도 없었다. 하지만 2주 동안 하나씩 알아 가면서 조금씩 전문성을 쌓아갔다. 결국 세일즈의 가장 강력한 무기라고 할 수 있는 제품과 서비스에 대한 확신과 강력한 구매

권유 방법을 터득하게 되었다.

어떠한 아이템을 판매하더라도 가장 기본적인 것은 자신의 실력과 제품에 대한 전문성을 철저히 갈고 닦아야 한다. 영업이 안 된다고 해서 자꾸만 외부요인에서 문제점을 찾으려 하지 말고 자신부터 들여다보라. 모든 해답은 내 안에 있고 문제의 원인 또한 내게 있다. 길에서 돌부리에 걸려 넘어지면 돌을 탓하는 것이 사람의 본성이라지만, 사실 그곳에 돌이 있는지 제대로 살펴보지 못한 본인에게 문제가 있는 것이다.

전문성을 갖춘 뒤에는 자신이 하는 일에 대한 확신은 저절로 생긴다. 제품에 대한 전문성과 확신이 결합했을 때 비로소 세일즈 성공의 분수령을 넘을 수 있다.

슬럼프를 이겨 내는 사업가의 마음가짐

사업뿐만 아니라 공부나 일을 하다 보면 한 번쯤은 슬럼프에 빠지기 마련이다. 그러나 아무도 자신의 슬럼프를 극복할 수 있도록 도와줄 수 없다. 오직 본인 스스로가 노력해서 슬럼프에서 빠져 나와야 한다. 그렇다면 슬럼프를 이겨 내고 정상에 있기 위한 사업가의 마음가짐에는 어떤 것이 있을까?

- 시련을 내 영업력 성장의 또 다른 기회로 받아들인다.
- 실패를 내 인생의 전체 실패로 섣불리 생각하지 않는다.
- 항상 변화해서 산다는 것을 명심한다.
- 그래도 지금 멀쩡하게 영업할 수 있는 건강에 감사한다.
- 항상 기뻐하고 즐거워한다.
- 감사와 용서를 배운다.
- 실패를 두려워하지 말고 늘 도전한다.
- 비우는 만큼 채울 수 있다는 것을 가슴에 새긴다.
- 조급해 하지 않고 늘 편안하게 생각한다.
- 내 인생은 오로지 나에 의해 결정된다.

자신의 인생은 당연히 본인의 것이다. 그렇기 때문에 권리와 책임도 본인의 몫이다. 얼마나 하느냐에 따라 앞으로 인생이 달라진다. 뿌린 만큼 거둔다는 씨앗의 법칙을 잊지 말고 하루하루 튼실한 씨를 기름진 밭에 뿌리기 위해 노력하라.

성공은
반복되지 않는다

나무랄 데 없는 품질과 고객이 솔깃해할 만한 가격으로 물건을 내놓아도 딱히 매출이 오르지 않고 주춤할 때가 있다. '목이 안 좋아서일까?'라는 생각에 자리도 옮겨보지만 상황은 별반 다르지 않다. 그럼 다시 물건을 살펴본다. 원래 잘 안 팔리는 물건인가 하고 꼼꼼하게 들여다보지만 누가 봐도 구미가 당길 만한 물건이다. 그럼 도대체 왜 안 팔리는 것일까?

세계적인 경영 컨설턴트인 톰 피터스는 "거래를 중단한 고객 중 15%는 품질의 문제가 원인이었고, 또 15%는 가격의 문제로 거래처를 바꾼다. 나머지 70%는 거래처의 사람이 마땅치 않아서 거래를 끊는다"고 했다. 결국 사람이 관건이다.

‘판매는 거절로부터 시작한다’는 말이 있다. 물건과 가격이 어떻든 일단 거절부터 당하는 것이 세일즈의 시작이다. 그럼 부정적인 고객을 앞에 두고 어떻게 물건을 팔 수 있을까? 우선 세일즈를 하는 사람은 자신의 물건에 대한 확신이 있어야 한다. 자신이 좋아하지 않는 제품을 고객이 좋아할 리가 없다. 그리고 세일즈는 물건이 아니라 자신을 파는 것이다. 진정성과 기본적인 인격을 갖추지 않고서는 물건을 제대로 판매할 수가 없다. 세일즈가 사고파는 과정에서 형성되는 커뮤니케이션이 중요하기 때문에 인간관계의 기본 덕목을 더욱 잘 지킬 수 있어야 한다.

그런데 아주 작은 성공이나 실적이 좋았던 경험을 하고 나면 우쭐해져 고객과 시장을 우습게 보는 경우가 있다. 소위 말하는 대박 아이템만 골라내 팔기만 하면 저절로 성공할 것이란 환상에 빠져 앞으로의 일에 대한 준비를 소홀히 하는 것이다. 전쟁에서의 승리는 계속 반복되기가 어렵다는 ‘전승불복戰勝不復’을 떠올린다면 한 번의 성공이 영원한 성공으로 이어지는 것은 상당히 어려운 일이란 것을 알 수 있다.

노점을 거쳐 이것저것 세일즈를 하면서 몇 번의 위기와 고난, 그리고 작은 성공까지 맛본 터라 ‘장사에 이골이 났다’는 표현대로 웬만한 자신감이 붙게 되었다. 직장생활을 하는 사람들도 대체로 신입사원에서 대리로 진급할 때가 되면 일에 자신감을 갖게 된다고 한다. 그러나 사람이 죽을 때까지 배움을 게을리 하지 않는 이유처럼 세일즈나 업무도 경험한 것 이상으로 앞으로 겪어야 할 일이 많다. 이제 다 배웠다는 생각이 들 때가 오히려 새롭게 시작해야 할 순간인 것이다.

고객과 시장 앞에서 오만하지 마라

2004년 봄이었다. 군대를 제대하고 노점과 지하철역 매장에서 갖가지 제품을 판매했던 나는 뭘 해도 될 것만 같았다. 그래서 '부산에 다시 내려가 핸드폰을 팔지 않겠냐?'는 제의에 별 다른 망설임 없이 하겠다고 나섰다.

하지만 2월 초에 부산으로 내려간 후 봄까지 대략 한 달 동안 실적은 거의 없었다. 처음 한 달간 10개 남짓 판매한 것이 전부였던 것이다. 이틀에 하나 꼴로 겨우 팔다 보니 입 안이 점점 말라갔다. 어쩌다 팔릴 것 같은 분위기면 주문자가 어디에 살든 부산 전역을 돌며 소개를 받았다. 열심히 뛰어다니면 잘될 것이란 믿음과 함께 내가 이만큼 노력하는데 고객이 감동하지 않는다는 것이 더 이상한 것이라고 여겼다.

이런 내 생각은 정말 어리석은 것이었다. 귀한 영업시간을 쪼개고 쪼개서 활용해도 모자랄 판에 하루의 대부분을 지하철에서 보내며 이곳저곳을 돌아다녔으니 매출이 효율적으로 오를 리가 없었다. 게다가 엎친 데 덮친 격으로 사기꾼으로 몰리는 상황까지 발생해 부산에서의 핸드폰 판매는 희망 찬 세일즈가 아니라 악몽의 순간으로 바뀌었다.

핸드폰 판매를 하면서 핸드폰에 관한 상세한 설명을 소홀히 한 적이 있었다. 그러자 고객들은 판매 조건을 제대로 인지하지 못했고, 결국 사기꾼으로 몰린 것이다. 게다가 거래를 하던 대리점에서도 모르쇠로 일관하는 바람에 홀로 타지에서 고립된 처지가 되어 버렸다. 이래저래 견디기가 괴로워 일을 그만두고 상경하였지만 고객들의 불만으로 100일 정도 시달렸고, 빚을 2천만 원이나 혼자서 감당해야 하는 지경에까지 이르렀다. 경찰서까지 들락날락하면서 마음고생을 하다가 다행히 무혐의로 결론이 났지만 도저히 다음 사업을 할 기분이 아니었다. 그래서 잠시 쉬면서 생각을 정리하기로 했다.

무엇이 문제였을까? 핸드폰을 팔면서 잠시 판매 조건에 대한 설명을 소홀히 한 건 사실이지만 절대 나태하게 세일즈를 한 것은 아니었다. 사기꾼이라는 오명까지 뒤집어 써야 할 만큼 나쁜 짓을 한 것도 없었다. 이래저래 생각을 해봐도 결론은 하나였다. 바로 오만하지 말라는 것이다.

판매를 할 때 아무리 정확하게 처신해도, 고객에 대해서 많이 알고 시장의 분위기를 잘 읽는다는 자신감이 있어도 항상 모자람이 있는 법이다. 지나친 자신감은 마치 세상일을 모두 안다는 듯한 오만한 표정과 자세가 은연중에 드러나게 된다. 본인 스스로는 몰라도 고객은 재빨리 이를 눈치 챈다. 그리고 지나친 자신감은 스스로의 문제를 둔감하게 만들고 자기 합리화에 빠지게 한다.

부산에서 핸드폰을 팔 때 영업이 잘 안 되면 괜스레 자리 탓이나 하면서 옮겨다니기만 했다. 하루에 얼마를 팔겠다는 목표도 불분명했고, 어디서 어떻게 팔아야겠다는 의식적인 노력 또한 없었다.

그런데 물건을 팔 때 목표를 하루 100곳으로 설정하고, 문전박대를 당하는 한이 있더라도 무조건 방문해서 최선을 다하다 보니 나도 모르는 사이에 실적이 올라가는 것을 경험한 적이 있었다.

목표를 정하고 영업을 하게 되면 상담에 집중력이 생기고 시간을 효율적으로 사용하니 영업이 잘되기 시작했다. 그런 것도 모르고 이전에는 하루 종일 길거리를 배회하거나, 지하철이나 자동차를 타고 다른 곳으로 이동하는 것에 시간을 보냈으니 잘될 리가 없었다.

세일즈는 나의 얼굴을 판매하는 것이다. 그렇기 때문에 최대한 고객과의 관계를 오래 지속적으로 유지해야 한다. 그러므로 길에 헛되이 시간을 버리는 일이 없도록 영업 초기부터 시간 관리와 전략을 치밀하게 짜야 한다.

세일즈를 하기에 앞서 시장을 세분화하고 잠재고객을 발굴하면, 시간을 비롯한 여러 가지 손실을 막을 수 있다. 이렇게 전략적인 접근을 꾀하면, 실제로 영업에 할애할 수 있는 시간이 늘어나 그만큼 고객을 집중적으로 만날 수 있다. 그리고 이것은 판매 실적과 세일즈 노하우를 쌓는 것과 자연스레 이어진다.

그런데 몇 번의 장사 경험을 갖고 마치 세상을 다 안다는 듯 굴었으니 고객들의 눈에는 얼마나 미덥지 못했을까? 핸드폰이라는 상품과 부산이라는 낯선 지역에 대한 치밀한 연구와 전략을 마련하지 않고, 무작정 덤벼든 대가는 잠시 손에서 일을 놓을 정도로 컸다.

바퀴벌레 때문에 고생하는 집에 쥐도 잡고, 개미도 잡고, 바퀴벌레도 잡는 약과 바퀴벌레만 전문적으로 잡는 약을 놓고 선택하게 한다면 당연히 후자를 택할 것이다. 송곳은 끝이 날카로워야 같은 힘으로 표적을 찔러도 뚫기가 쉬운 법이다. 시장과 고객은 할 수 있는 한 날카롭게 세분화해 효율적으로 공략해야 한다.

부산에서의 핸드폰 세일즈는 고객의 불만으로 인한 실패를 안겨다 주었고, 이는 내 영업 인생의 가장 큰 오점으로 남았다. 이전에 몇 번 성공한 나로서는 금전적인 것뿐만 아니라 정신적으로도 많은 충격을 받았다.

고객들 대부분은 설명 중에 듣고 싶은 설명만 기억한다. 그러다 문제가 생기거나 기대한 만큼 만족하지 못하면 다시 찾아와 항의한다. 아무리 설명을 해도 억지스러운 주장을 하며 자신의 불만족을 보상해 달라는 것이다.

"아니, 왜 이건 공짜가 아냐! 여기저기 널린 게 공짜인데!"

"이 모델은 공짜가 아닙니다. 그리고 사전에 제가 보조금을 일부만 지원하는 모델이라고 설명을 드렸습니다. 고객님께서 처음부터 이 모델로 하신다고 해서 제가 보조금과 할부 내용을 다 설명 드리고 계약서와 신청서를 작성하였는데….”

“뭔 소리야! 난 들은 적 없어!”

이렇게 막무가내로 떼를 쓰는 고객도 결국 고객인지라 어쩔 수 없이 내가 손해를 감수해야 하는 경우가 비일비재했다. 그나마 다행인 것은 적잖은 문제를 일으켰던 부산 핸드폰 판매 건을 해결하면서 새로운 깨달음과 원칙을 얻었다는 것이다. 그전에는 일이 크게 터지면 겁도 나고 심지어 연락도 회피하며 전전긍긍했다. 어쩔 줄 몰라 속만 끓이다가 이래서는 장사고 뭐고 심각한 대인기피증까지 생기겠다는 우려까지 들 정도였다.

하지만 사기꾼으로 몰린 그 일을 겪고 난 뒤 정신을 차렸다. 그리고 사태 수습을 위해 내게 문제를 제기한 고객 한 분, 한 분에게 전화를 걸어 만나서 마무리를 짓자고 정중하게 부탁했다. 그리고 생떼를 쓰며 무리한 요구를 하는 고객에게는 납득할 때까지 설명하기를 반복하여 그분이 이해할 때까지 최선을 다했다. 그렇게 책임을 회피하지 않고 해결하려는 적극적인 자세와 잘잘못을 인정하고 해결하려는 내 모습 덕분인지 고객들의 마음이 조금씩 움직였다. 결국 해결이 어려워 보였던 사고가 고객들의 양해로 마무리되었다. 나는 어떤 문제가 발생했을 때 슬기롭게 해결하고 책임감을 보이기 위해서는 무엇보다 본인 스스로가 빨리 잘못을 인정하고 당당하게 문제 해결에 임해야 한다는 것을 배웠다.

그렇게 핸드폰 사건이 해결되자 마음이 편해지고 다시 기운이 솟았다. 그리고 좌절이란 단어보다 재기란 단어를 가슴에 새겨져 새로운 세일즈를 시도할 수 있었다. 그러나 한참 세일즈의 재미를 느끼고 나름대로 자신감이 붙어 있었던 나는 한순간의 오만함과 어리석음 때문에 값비싼 대가를 치러야만 했다. 성공은 계속 반복되지 않는다. 그러므로 자만심을 버리고 항상 집중하며 고객과 시장을 이해하려고 노력해야 한다.

잘 팔리는 물건이 좋은 물건이다

세일즈에 입문하는 초보일수록 제품에 집착하는 경우가 많다. 소위 대박이 날 물건인지부터 묻거나 아예 남들이 먼저 시도해 팔린 것만 좇아서 따라하는 사람들이 있다. 그런데 세일즈와 관련된 격언 중에 "좋은 물건이 잘 팔리는 것이 아니라, 잘 팔리는 물건이 좋은 것이다"라는 말이 있다. 시장에 나오는 제품은 따지고 보면 좋지 않은 물건이란 없다. 만드는 사람이나 물건을 파는 사람의 입장에서는 당연히 좋은 물건일테니 말이다.

명품 브랜드라서 물건이 잘 팔리는 것이 아니다. 시장을 눈여겨보면 이름 모를 업체에서 내놓은 물건이 순식간에 판도를 뒤흔들고 대박 아이템으로 등장하는 경우가 있다. 사실 물건이 좋다는 것은 돈을 지불하고 일정 기간 사용해 본 후에야 제대로 알 수 있다.

이름만 믿고 물건을 샀다고 해도 만족스럽지 못한 경험은 누구나 한 번쯤은 해봤을 것이다.

세일즈를 하는 사람의 입장에선 애초부터 좋은 물건이 따로 있는 것이 아니다. 잘 팔리는 물건이 더 좋을 뿐이고, 그런 물건이야 말로 좋은 것이었다고 말한다. 물론 자체에 결함이 있거나 수준미달이면 곤란하다. 하지만 제품 자체의 품질만큼이나 중요한 것은 고객들에게 해당 제품을 좋은 것이라고 인식하게 만드는 작업이다. 그리고 해당 제품을 좋은 것으로 인식할 가능성이 높은 고객들을 확보한다면 자연스럽게 세일즈의 성공 가능성은 높아진다.

일본에서 출간된 《90일 만에 당신의 회사를 고수익 기업으로 바꿔라》는 그 내용 못지않게 책이 팔리는 과정에서 구매 가능성이 높은 고객을 확보해 가는 과정을 흥미롭게 보여주었다.

저자와 출판사는 책이 출판되기 전에 신문광고를 통해 그 책에 관심을 가질 만한 사람들의 연락처를 수집해 유용한 정보를 제공했다. 바로 세일즈 기법은 물론, 호기심을 자극하는 내용의 정보를 소책자의 형태로 제공한 것이었다. 이 소책자를 받아 본 사람들은 당연히 책이 출판되기 전에 궁금증을 가질 수밖에 없었다.

출판사는 이렇게 궁금증을 일으킨 사람들이 제공한 인적사항을 데 이터베이스로 만들었다. 그리고 전자우편이나 DM 등을 통해 효율적인 홍보 효과를 거뒀다. 이 덕분에 책은 출간 되자마자 빠른 시일 내에 베스트셀러가 되었다고 한다.

제품이 훌륭하다고 말하는 것은 어찌 보면 상당히 주관적인 판단이다. 대기업에서 만들었다고 해서 모두가 훌륭하다고 말하지는 않는다. 특히 인터넷이 발달한 요즘은 조금이라도 허점이 보이면 상당한 안티 세력들이 제품의 부실함을 꼬집는다. 프로슈머니 소비자 조사니 하는 것도 따지고 보면 사전에 고객의 인식을 반영함과 동시에 고객에게 제품에 대해 미리 좋은 감정을 심기 위한 과정이라고 볼 수 있다. 그만큼 제품 자체로만 세일즈의 성공 척도를 가늠해서는 안 된다.

맥도날드가 한때 새로운 맛의 메뉴를 개발하겠다고 무려 마흔 가지가 넘는 아이템이 섞인 복잡한 메뉴를 출시한 적이 있었다. 일단 시식을 한 사람들의 반응은 상당히 긍정적이었다. 그동안 축적해온 메뉴 개발의 노하우를 집대성했다고 의기양양해 하던 맥도날드는 매출이 둔화된 회사를 살릴 수 있는 비장의 무기를 야심차게 홍보했고 대대적인 마케팅을 벌였다. 그러나 맥도날드가 얻은 것은 막대한 매출도 아니요, 시장의 호의적인 반응도 아니었다. 대신 계산대 앞에 길게 늘어선 줄과 고객들의 짜증을 유발하는 대기시간일 뿐이었다. 마흔 가지가 넘는 아이템을 한꺼번에 넣어서 만들려고 했으니 햄버거 하나 만드는 데 소요되는 시간이 만만치 않았던 것이다. 맛이 좋으니 그 정도 불편은 감수할 수 있어야 하는 것이 아니냐고 반문할 수 있다. 그러나 맥도날드의 정체성은 바로 패스트푸드라는 것이다. 따라서 빠른 시간 안에 햄버거와 음료수를 편하게 먹을 수 있어야 한다.

이렇듯 고객이 생각하는 이미지와 좋은 패스트푸드의 기준이 있는데 맥도날드는 그것을 망각하고 자신들의 생각에만 빠져 전혀 엉뚱한 결과를 초래한 것이다. 맥도날드는 그 후로 다시 편리하고 단순한 메뉴, 청결 등을 내세우며 재기의 몸부림을 쳤다고 한다.

고객의 인식을 억지로 바꾸려고 하면 고객들은 저항하고 거부감을 느끼기 쉽다. 그러므로 고객에게 좋은 물건이라는 인식부터 보여주고, 또 물건을 살 수 있는 명확한 대상을 구분하여 세일즈를 해야 한다. 그럴 때 분명 좋은 물건을 파는 사람으로 비춰질 것이다.

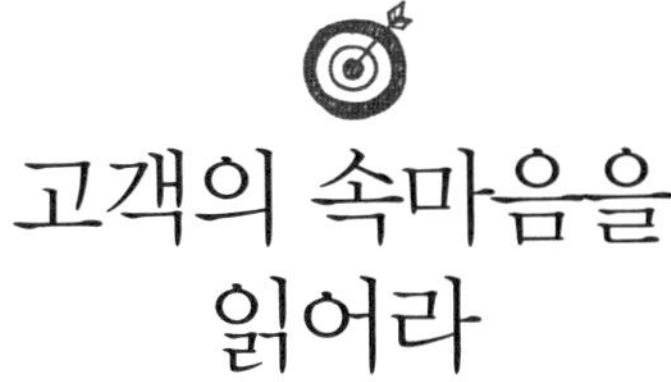

고객의 속마음을
읽어라

고객의 마음을 읽는 것만큼이나 확실한 세일즈 성공 방법은 없다. 고객이 무엇을 원하는지, 어떤 것을 아쉬워하는지를 알 수 있다고 하자. 그러면 세상 모든 세일즈맨들은 《반지의 제왕》에 등장하는 절대 반지를 쟁취하기 위해 싸우는 이물들처럼 열정적으로 달려들 것이다.

흔히 독심술이라고 하는 마음 읽기는 무협지에나 나오는 신비의 무공이나 마법쯤으로 생각한다. 하지만 실상은 그렇지 않다. 사람의 눈빛이나 표정, 그리고 미세한 떨림만으로도 거짓말인지를 판단하는 사람들도 있다. 이들 역시 독심술사 못지않게 상대방의 심리를 잘 파악한다고 볼 수 있다.

고객을 이해한다는 것은 세일즈뿐만 아니라 비즈니스 차원에서도 가장 중요한 과제다. 고객을 제대로 파악하지 않고 좋은 물건을 만들어낼 수는 없다. 그래서 유명한 기업의 CEO들은 고객을 이해하기 위해 현장의 중요성을 많이 강조한다.

1970년 일본의 오사카 세계박람회장을 텔레비전에서 중계방송하고 있었는데, 많은 사람들로 붐비는 행사장 입구를 비춘 장면을 보고 놀라움을 금치 못했다. 텔레비전 화면에 마쓰시타 파빌리온의 부스 입구에서 다른 사람들과 똑같이 줄을 서서 기다리는 마쓰시타 고노스케 회장의 모습이 보였다. 당시 75세의 고령이었던 그가 줄을 서서 입장을 기다린다는 사실을 뒤늦게 알게 된 직원들은 깜짝 놀라 회장 곁으로 달려 나왔다. 하지만 정작 회장은 자신에게 달려와 어찌할 바를 모르는 직원들에게 이렇게 말했다.

"단지 사람들이 입장하려면 얼마나 오랫동안 기다려야 하는지 궁금해서 순서를 기다렸을 뿐입니다."

고객을 이해하기 위한 노력은 CEO도 예외는 아니다. 막대한 돈을 들여 좋은 물건을 만들었으니 그냥 사가라는 식의 판매 방식으로는 살아남을 수 없다. 가끔 길가의 노점을 지나가다 보면 '물건이 아주 좋다'는 말만 되풀이하며 강매에 가까운 판매 형태를 목격하고는 하는데 고객의 심중 따위는 상관없다는 식의 판매는 오래 가지 못한다.

이처럼 고객의 입장에서 고객의 생각을 이해하려는 행동도 중요 하지만 매번 그렇게 할 수는 없다. 특히 현장에서 바로 물건을 팔아야 하는 노점의 경우는 사전에 시장조사도 하고, 고객의 동향도 살피지만 기업의 수준에 이를 수는 없다. 그러나 차선책이 있다. 고객이 무엇을 원하는지 정확하게 헤아릴 수 없다면 고객과의 친밀감을 키우는 것이다. 비록 마음 속 깊은 곳에 있는 속마음은 알지 못하더라도 공감하는 정서적인 유대감을 갖는다면 좀 더 편안하게 세일즈를 할 수 있을 것이다.

스킨십 마케팅을 활용하라

사실 세일즈를 하는 입장에서는 독심술을 비롯한 심리학적인 기법을 이용해 느긋하게 고객의 마음을 읽을 여유가 없다. 특히 길거리에서 노점을 하면서 수없이 오가는 고객들의 시선을 읽는다는 것은 불가능에 가깝다. 하지만 세일즈맨들은 일단 고객을 붙잡아야 세일즈의 기회도 생기기 때문에 어떻게든 친밀하게 접근하려고 애를 쓴다.

친밀한 감정을 불러일으키는 데 가장 좋은 방법은 역시 웃음이다. 행복하기에 웃지만 반대로 늘 웃기 때문에 행복한 경우도 많다. 나는 이 웃음의 행복에 착안하여 스킨십 마케팅을 시작했다.

친한 사람들은 서로 가벼운 스킨십을 하며 친근함을 표시한다. 그렇다면 역으로 자연스러운 스킨십을 했을 때, 처음 보는 고객이지만 무의식중에 친한 사람으로 나를 인식하지 않을까?

이 방법은 면 생리대를 팔거나 액세서리와 의류를 팔면서 주로 여성 고객들에게 많이 이용했다. 그렇다고 성추행의 오해를 받을 수 있는 과도한 스킨십이 아니라, 악수와 같은 기본적인 스킨십을 적극적으로 활용한 것이다. 조금씩 가볍게 맞장구를 치거나 동네 아주머니들이 서로 손을 잡고 이야기하는 것처럼 스킨십을 하며 제품을 설명하니 분위기가 정말 사랑방 같았다.

지하철 상봉역에서 무스탕과 오리털 점퍼를 팔 때도 이 방법은 확실하게 효과를 봤다. 당시 두 제품은 모두 10만 원을 호가하는 것이라서 고객들의 지갑이 선뜻 열리지 않았다. 이때 나는 옷을 권하면서 주부들의 옷을 살며시 받아들었다. 그리고 자연스럽게 고객들이 옷을 입어보게 유도했다. 그러면서 "우리 엄마 뒷태가 이렇게 예뻐서야 어떡해! 아이고 숨넘어가겠네!"하고 연신 어깨도 주무르고 머릿결도 정돈해 주며 열심히 제품의 장점을 이야기했다. 특히 고객이 관심을 가질 만한 옷의 장점을 빨리 눈치를 채고 거기에 맞는 멘트를 하는 것은 매우 중요하다. 이렇게 친밀하게 행동한 다음에는 자연스럽게 스킨십을 하며 외친다.

"엄마! 무스탕이랑 오리털 둘 다 사면 만 원 빼줄게!"

마치 아들이 응석부리듯 웃으며 안마를 하면 바로 지갑이 열리고 카드가 나왔다.

또 한 번은 신발을 팔 때였다. 매장에서 만난 아주머니 고객에게 다가가 "우리 엄마, 신발 사러 오셨네" 하며 어울릴 것 같은 신발을 권한다. 그리고 신발 신는 것을 도와주며 발 마사지를 하며 스킨십 마케팅을 시작했다.

"아휴, 우리 엄마 발이 왜 이렇게 예뻐? 새색시 발이라고 해도 믿겠네!"

이쯤 되면 정말 엄마와 아들, 혹은 이모와 조카 사이가 되어 있다. 그리고 놀라운 일은 다음날 벌어진다. 어제 만난 엄마는 자신의 동네에서 친한 엄마들을 죄다 데리고 온다.

"우리 아들이 장사하는 곳이야. 한번 골라 봐!"

나도 신이 나서 다시 엄마에게 마사지를 해주며 반가운 인사를 건넨다. 이 모습을 지켜본 아줌마들은 그 다음날 각자 와서 신발을 한 켤레 이상 사갔다. 그리고 수시로 지나가면서 매장에 들러 내가 알아보기도 전에 친밀감을 표현하고는 했다.

단골장사란 고객관리를 잘해서 온 사람이 다시 오고, 또 다른 사람들까지 데리고 올 때 비로소 가능하다. 'CRM이다, 고객감동경영이다' 해서 많은 기업들이 고객의 마음을 읽기 위한 시스템을 구축하려고 노력하지만, 정작 중요한 것은 현장에서 고객과 맞는 관계의 진실성이다. 간혹 현장과 동떨어진 사람들이 그저 고객을 등급으로 나누고 관리하는 프로그램에 대한 설명으로 일관하는 것을 보면 답답하기 그지없다.

대기업에서 써먹을 법한 이야기들과 시스템은 대부분의 자영업자에게는 비용적인 측면에서도 부담이지만 당위성만 강조하는 것에 귀를 기울였다가는 눈앞의 고객마저 놓쳐버릴 수 있다. 고객과의 관계를 잘 맺는다는 것은 어찌 됐든 고객이 즐거워하고, 또 다시 찾게 만들어주어 사람들까지 데려올 수 있도록 하는 것이다.

내가 알고 있는 어느 학원 원장도 고객을 살갑게 대하는 것으로 친밀감을 유도하여 고객관리에 성공했다. 학원의 규모도 동네 보습학원 정도인데, 그 지역의 학생들 중 태반이 이 학원을 다니고 있다고 한다.

이 학원에 등록하는 학생들은 여느 학원가 마찬가지로 사전 테스트를 통해 수준에 맞는 반 편성을 받게 된다. 여기까지는 다른 학원과 별반 차이가 없다. 그런데 원생이 처음 학원에 나온 지 일주일이 지나면 원장이 직접 자필로 엽서를 써서 집으로 발송한다. 이 학원에 수강을 해줘서 감사하다는 내용이 적힌 엽서다. 그리고 2주일이 지나면 조그마한 선물을 집으로 보낸다. 소액의 아로마 비누 같은 것인데 얼핏 보기에도 별것 아니다. 하지만 동봉한 편지에 집중력이 높아지는 향이 나는 아로마 비누고, 서울대 합격생들이 주로 이용했다던 바로 그 비누라는 설명이 적혀 있다. 이쯤 되면 그 선물을 받아든 어머니들이 감동하지 않을 수가 없다. 서울대에 대한 희망과 자신의 아이가 학원에서 인정받고 있다는 느낌을 받는다는 것이다.

이 학원의 고객감동 마케팅은 여기서 끝나지 않는다. 3주일이 지나면 또 한 번 집으로 무언가가 도착한다. 바로 상장인데, "ㅇㅇㅇ학생은 학원에 입학했을 당시에 비해 월등하게 성적이 향상되어 이를 기리기 위해 상장을 수여합니다"라고 적혀 있다. 덧붙여 향후 몇 달 간의 공부 스케줄과 기대 효과까지 일목요연하게 정리한 학습계획까지 보여준다. 공신력이 있는 경진대회나 학교의 상징은 아니지만 어머니들은 은근히 동네에서 아줌마들에게 이 상장을 자랑하게 되고, 또 꼼꼼하고 친절한 학습관리를 자연스럽게 홍보를 해주니 대형 프랜차이즈 학원이 부럽지 않은 것이다.

세일즈의 경쟁력은 양질의 제품과 함께 고객에 대한 관리를 얼마나 잘하느냐에 달려 있다. 그런 점에서 누구나 할 수 있는 친절과 미소는 가장 기본적인 것이다. 그러나 누구나 할 수 있기 때문에 때로는 가식적이고 형식적인 것으로 보일 수 있다. 고객 이벤트도 어쩌다 한 번 하면서 마치 생색을 내듯 한다면 고객이 진심으로 고마워하거나 좋아할 리 없다. 그저 뽑기와 같은 행운 정도로만 생각하기 때문이다. 고객관리의 핵심은 바로 고객이 친밀감을 느낄 수 있도록 하는 것이다.

비오는 날 우산을 빌려드립니다
스킨십 마케팅을 비롯해 그동안 갈고 닦았던 고객관리의 노하우

덕분에 길동역에서 매장을 할 때는 점점 고객이 늘어나고 있었다. 주로 아주머니들이 많이 오셨는데, 어깨 마사지를 비롯한 각종 안마를 활용해 가방을 2~3개씩 뚝딱 팔아 치웠다. 이처럼 장사에 재미를 쏠쏠하게 느끼고 있던 날들이었다.

그런데 어느 날, 비가 전혀 내릴 것 같지 않던 날씨였는데 갑자기 폭우가 쏟아지는 것이었다. 그것도 퇴근 시간이 다 돼서 비가오니 황당했다. 비가 오면 통상 장사가 잘 안 되는 법이라서 기분이 썩 좋지는 않았다. 하지만 목표 매출을 채우려면 아직 한참 남았기에 씁쓸한 기분으로 잠시 역 밖으로 나가 비오는 것을 바라보았다.

멀뚱히 밖을 보고 있는데 문득 아는 사람이 눈에 들어왔다. 거래처 직원이 물건을 배달하러 온 것이었는데, 그분의 손에는 우산도 한 무더기 들려 있었다. 역시 경험이 무섭다고 비가 오면 매장에서 바로 내다 팔라고 알아서 준비를 해온 것이다.

내가 장사를 하던 매장은 계단 밑이었기 때문에 갑자기 쏟아 붓는 폭우로 집에 돌아가지 못하고 비가 그치기를 기다리는 고객들을 잡기에는 최적의 장소였다. 곧바로 나는 우산을 팔기위해 목청껏 외쳤다. 그러나 한두 명만 사갈 뿐, 대부분의 사람들은 집에 전화를 해서 마중을 나오라고 하거나 신문지를 머리에 쓰고 뛰쳐나갔다. 그때 내 머릿속에서 전구가 하나 반짝였다.

"비오는 날에는 우산을 무료로 빌려 드립니다! 편하게 쓰고 가셨다가 내일 퇴근길에 갖다 주세요!"

상대방의 위기를 나의 기회로 활용해 물건을 팔았다가는 자칫 인심을 잃을 수도 있다는 생각이었다. 그래서 무료로 우산을 대여해 주고 수거가 되지 않더라고 나중에 응분의 보답이 생길 것이란 믿음으로 오가는 사람들에게 나누어 주었다.

고객과 판매자의 관계에서 셈을 잘하고 똑 부러지게 따지는 것보다는 밑지는 듯, 퍼주는 듯, 더욱 챙겨주는 듯 하는 마음이 필요하다. 넉넉하게 대해야 소위 말하는 뒷심을 받는 법이다. 악착같이 내 돈만 따지며 자신을 챙길 것이 아니라, 그 마음의 반만 투자하여 고객들에게 나눠 준다면 그 이상의 보답은 돌아오게 되어 있다.

무료로 나눠 준 우산은 예상대로 다 수거하지 못했다. 그러나 그 이후부터 매출은 분명 올랐다. 직접적인 연과관계나 우산을 빌려 간 사람이 물건을 사갔다는 증거는 확인하기 어렵지만, 별 다른 변화가 없던 매장의 매출이 20% 정도 상승한 것이다.

그날의 우산 무료 대여가 있은 뒤에는 더욱 고객의 아쉬운 점에 내 정성을 담아 해결하려고 노력했고, 이는 세일즈 이외에도 평소 인간관계에서도 그대로 적용되었다. 그리고 나니 주위에 사람이 모이기 시작했고, 인복이 많아졌다는 이야기를 종종 듣게 되었다.

지금도 면 생리대를 구매하신 분들에게 틈만 나면 작은 선물을 보내고는 한다. 고객이 아쉬워하는 작은 것 하나라도 그 속마음을 읽으려고 노력하는 것이다. 이런 나의 노력이 결국 고객과의 광범한 연결 고리를 만들었고 새로운 매출이나 관계형성으로 이어져 1석 2조의 효과를 거둔 경우가 많았다.

고객과 소통하면
단골이 된다

남대문의 쇼핑몰 근처에 가면 내가 단골로 다니는 안경원이 있다. 벌써 수년 동안 이곳에서 안경이나 소프트렌즈를 구매한다. 그리고 내 주변 사람들에게 적극적으로 추천하는 곳이기도 하다.

내가 처음부터 이 안경원을 이용한 것은 아니다. 2005년 즈음 처음 렌즈를 사용하려고 남대문 근처의 가장 규모가 크고 눈에 띄는 안경원에 들어갔다. 그곳은 지금의 단골인 안경원 근처에 있었다. '작은 곳보다는 큰 곳이 낫겠지' 하는 단순한 마음이었다. 그리고는 내가 사용한 렌즈에 대해 이런저런 이야기를 했다. 그런데 대뜸 하는 말이 "비싼 거 드릴까요? 싼거 드릴까요?"라고 하는 게 아닌가. 렌즈를 처음 사용하는 나로서는 "그냥 좋은 것으로 적당히 주세요"라고 말했다.

안경원 직원은 내가 렌즈를 처음 사용한다는 것을 뻔히 알면서도 렌즈 세척법 조차 알려주지 않았고, 다른 제품을 끼워 팔 궁리를 하느라 급급했다.

"손님께서 비싼 거 하셨으니까 선글라스는 공짜로 드릴게."

"정말요?"

"선글라스 테만!"

황당했다. 손님과 말장난 하는 것도 아니고 무슨 태도란 말인가? 게다가 옆에서 같이 근무하는 직원이 실실 웃고 있어서 불쾌감마저 들어 빨리 계산을 마치고 나와 버렸다.

결국 그 뒤 렌즈 세척법을 몰라 렌즈 두 개를 포개어 서로 비벼 닦다가 결국 한 개가 찢어지고 말았다. 그래서 다시 그 안경원을 찾아가 사정을 말했더니 직원은 너무나 자연스럽게 양쪽 렌즈를 모두 구입해야 하며 가격도 깎아줄 수 없다고 했다. 그렇게 울며 겨자 먹기로 구입한 지 며칠 만에 내 렌즈의 사망선고를 내려야만 했다. 그러나 나중에 알았던 바로는 렌즈는 안경과 달라 한쪽만 구매가 가능했었다. 결국 바가지를 뒤집어 쓴 꼴이 됐다.

구매한지 얼마 되지 않아 다시 돈을 그대로 주고 렌즈를 산 나는 불쾌한 기분을 떨칠 수가 없었다. 그런데 어느 날, "심현수 고객님. 고객님께 드리는 선물입니다. ○○안경 가을맞이 파격 세일, 전 품목 30% 할인!"이란 문자가 날아왔다.

문자를 본 나는 갑자기 욱하는 기분이 들었다. 그냥 귀찮은 광고 메시지가 아니었다. 나를 두고 실없는 농담과 바가지를 씌운 그 점원의 얼굴이 떠올랐던 것이다. 그 후로 다시 내 불찰로 렌즈가 찢어졌지만 그 안경원에 가기는 싫었다. 그래서 찾은 곳이 바로 지금의 단골 안경원이다.

한 번 당한 경험이 있었던 나는 안경원에 들어서자마자 아주 까다로운 손님으로 본의 아니게 변신해야 했다. 땀을 흘리며 조심스럽게 내 비위를 맞추려 노력하는 직원의 모습에 분했던 마음이 누그러지자 지금까지 있었던 일들을 털어 놓았다. 이야기를 들은 직원은 매우 놀라며 본인은 렌즈를 사용하지 않으면서 내게 착용 방법을 알려 주려고 렌즈를 끼고 빼기를 반복했다. 더욱 감동을 받은 것은 내가 하드렌즈로 바꾸고 싶다고 했더니, 눈물까지 뚝뚝 흘려가며 그 아픈 하드렌즈를 거의 30분 동안 착용해 가며 방법을 가르쳐 준 것이다.

그 직원의 열성적인 태도에 렌즈 값은 문제가 될 수 없었다. 정말 고마웠을 뿐만 아니라 예전에 갔던 안경원의 직원과는 비교가 되지 않을 정도로 뛰어난 직업 정신에 매료되고 말았다. 고객과 의사소통이 원활하게 이루어지면 감동까지 한꺼번에 밀려온다. 자신의 직분에 충실한 것은 물론이고, 내가 이전에 당한 불쾌함을 감안해 주었다. 게다가 가장 필요로 하는 렌즈 착용법과 세척법, 그리고 무시당하지 않고 싶다는 바람을 읽고 응대해 주었다. 이러니 그 직원의 태도에 나는 감동할 수밖에 없었다.

렌즈 구매 후의 서비스도 감동이었다. 렌즈를 구매할 때 이런저런 용품을 챙겨 주면서 눈이 많이 아프면 연락을 달라고 했다. 그리고 자신이 일주일 뒤에 확인 전화를 하겠다고 약속했는데, 일주일 뒤 진짜 전화를 걸어 렌즈에 대해 이것저것 묻는 그 직원의 서비스에 깜짝 놀랐다.

하드 렌즈를 사용하면서 눈이 많이 아팠던 나는 직원의 마음 씀씀이가 고마워 계속 적응하려고 노력했었다. 그런데 그 직원은 내가 너무 아파하는 것 같으니 교체를 하자며 일주일 더 사용해 보고 일주일 뒤에 다시 전화하겠다는 것이다. 그런데 문제가 생겼다. 내가 렌즈를 잃어버린 것이다. 다시 연락이 왔을 때 고민하다가 렌즈를 분실했다는 이야기를 했다. 그랬더니 그 직원은 "진작 이야기를 하지 그러셨어요"라며 사장님에게 사정을 설명하고 새 렌즈를 무상으로 주겠다며 꼭 오라는 것이었다. 나는 다시 구매를 하겠다고 말하고 안경원에 들렀다.

다시 안경원을 찾아간 나는 정말 새 렌즈를 주며 착용해 보라고 하는 직원의 말에 전화상의 말이 빈말이 아니라는 것을 알았다. 그에 감동하고 매우 고마워서 별도로 소프트렌즈를 구매했다.

고객관리는 기업의 입장에서 고객을 편의대로 나눠 서비스를 제공하는 것이 아니라, 고객이 스스로 좋아서 움직일 수 있는 환경을 조성하는 작업이다. 자영업자, 1인 기업, 소기업 창업자, 세일즈맨 등에게 있어 고객관리는 밀착도나 형태로, 서로 맞닿아 있는 것이 느껴지는 관계여야 한다.

고객은 나와 함께 길을 걸어가는 동반자다. 누가 누구를 상전으로 모시는 것이 아니라 마음과 마음이 통하는 관계다. 입으로 말하고 귀로 듣는 사이가 아니라 눈으로 대화를 나누면 속마음이 전달되는 관계, 거래가 아닌 왕래의 관계, 이것이 고객과 세일즈맨의 궁극적인 관계일 것이다.

이러한 관계 형성이야말로 고객과의 소통을 원활하게 하는 기반이다. 고객 한 분, 한 분마다 최고로 모실 줄 알고, 마음과 마음의 왕래가 이루어지는 사이에 될 수 있게 노력하는 모습이 바로 성공하는 세일즈맨의 표상이다.

따라서 창업을 하든, 영업을 하든 가장 중요한 것은 고객과의 소통이다. 자본도, 아이템도, 시스템도 이보다 중요할 수는 없다. 오로지 핵심 성공 키워드는 고객이고, 어떻게 고객과 소통하며 단골로 확보할 것인지가 바로 사업이다.

납득과 만족, 그리고 감동의 차이

《도쿄 디즈니랜드 스토리》를 보면 고객이 서비스를 받을 때 크게 두 가지의 반응을 보인다고 한다. 하나는 자신이 기대한 만큼의 서비스를 받았을 때의 '납득'과 또 하나의 그 이상의 서비스를 받았을 때 보이는 '만족'이라는 것이다. 그러나 이보다 더 높은 기대수준이 있다. 바로 전혀 예상치 못했던 배려나 신경을 써주었을 때 느끼는 '감동'이라고 한다. 이런 감동은 아주 사소한 것으로 시작하여 기적과 같은 결과를 가져다준다.

이와 관련된 이야기가 있다. 비가 억수같이 쏟아지는 어느 날, 한복을 곱게 차려 입은 한 할머니가 어떤 가게 앞에서 서성이고 있었다. 그러자 가게 안에 있던 주인은 물건을 찾는 줄 알고 밖으로 나와 할머니에게 들어오라고 했다.

"아니라오. 난 물건을 사러 온 게 아니라 여기서 아들을 만나려고 약속을 해서 기다리고 있는 중이라오."

가게 주인은 물건을 안사셔도 괜찮으니 비를 맞지 말고 안으로 들어와 기다리시라며 가게 안으로 모시고 들어왔다. 그리고 몸을 녹일수 있도록 따뜻한 차까지 대접했다. 시간이 어느 정도 지난 뒤에 아들의 차가 오는 것을 본 할머니는 고맙다는 인사를 하고 가게를 떠났다.

며칠이 지난 뒤 가게에 웬 점잖은 중년의 신사가 방문했다. 그는 주인에게 정중하게 인사를 하고 자신을 소개했다.

"얼마 전에 저의 어머니가 이 가게에서 따뜻한 차를 마시며 추위를 녹이셨죠? 너무 고마웠습니다. 조그마한 보답이지만 이제부터 우리

회사의 사무용품 일체를 이 가게에서 사기로 하겠습니다."

가게는 무언가 보답을 바라고 할머니에게 해준 것이 아닌데도 그 할머니와 아들은 감동받았던 것이다. 감동이란 이처럼 대가를 바라지 않고 하는 순수한 마음의 표현이어야 한다. 그래서 고객감동은 기술적인 것과 이벤트가 아니라 마음으로부터 우러나오는 것이다.

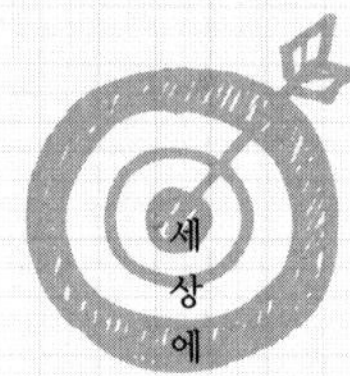

나의 꿈을 소리치다

Part 4

실패를 바탕으로 성공하라

인생의 나침반을
마련하라

지난 2003년에 창업했으니 햇수로도 그리 짧지 않은 시간을 세일즈로 보냈다. 아직도 갈 길이 멀고 험하지만 그래도 처음의 나를 생각해보면 많은 기복이 있었던 만큼 가슴이 벅차오르며 뿌듯함마저 들기도 한다. 대학 2학년 때 군대를 가서 제대하자마자 복학이 아니라 창업을 결심한 것이 23살 때였다. 지금 생각해보면 참으로 겁이 없었던 시절이었다. 남들과 다른 길을 가고, 안정적인 것보다 모험에 도전하겠다는 꿈은 자수성가하신 아버지의 영향이 컸다.

아버지는 젊으셨을 때 사우디아라비아에서 일을 하고 돌아와 추운 겨울날 손수레를 끌고 과일 행상을 시작했다. 빙판길에서 손수레가 엎어져 도로 위를 뒹굴러 다니는 과일을 주우려다 차에 치일 뻔한 이야기, 가게를 하며 공무원들과 싸운 일, 아무 이유 없이 시비거는 사람들 등 십 수 년을 장사하며 겪은 크고 작은 일들을 무용담으로 항상 들려주셨다. 그때는 아버지의 무용담이 어린 마음에 고난을 헤쳐 나가는 정의의 기사 같은 느낌을 받았었다. 자라면서 아버지의 장사 경험과 관련된 이야기는 현실로 내게 다가왔고 '나중에 사업가가 되겠다'는 꿈을 키우는 데 많은 영향을 끼쳤다. 그래서 군대에서 제대한 후에도 복학을 하지 않겠다는 결심을 하고 과감히 노점상의 길로 뛰어들었던 것일지도 모른다.

지난 시절, 어쩌면 '실패열정'이라고 부를 수 있는 좌절과 재기를 경험했던 나로서는 앞으로도 숱한 성공과 실패의 반복을 겪을 것이라 예상한다. 그럼에도 이 길을 계속 걸어갈 수 있는 것은 아버지라는 롤모델을 옆에서 가까이 지켜본 덕분이 아닐까 싶다. 그리고 가슴 속에 있는 꿈을 포기하지 않았기 때문이기도 하다.

꿈을 포기하지 않고 지켜나갈 때 반드시 치러야 할 대가가 있다. 이 세상의 모든 선택에는 기회비용으로 잃는 것과 반대급부로 얻는 것이 있다. 내가 대학을 포기한 것에 대한 기회비용은 아마도 학벌, 안정된 직장 등이었을 것이다. 그러나 반대급부로 얻은 것이 더 컸다. 천금을 주고도 얻지 못할 값진 경험과 교훈, 그리고 생생한 현장의 지식이 바로 그것이다.

토익 점수는 경쟁력이 아니다

"젊은이들이여, 꿈을 가져라!"

이 말은 내가 젊은이들을 대상으로 하는 외부 강연에서 늘 하는 말이다. 대부분 내 나이 또래이거나 엇비슷한 연배인 사람들 앞에서 내가 이런 말을 하면 조금은 우습게 보일 수도 있다. 그러나 노점과 세일즈를 하면서 꿈을 실현시키려고 나름대로 치열하게 사는 나로서는 도저히 이해가 되지 않는 사람들을 너무 많이 봤기 때문에 이 말을 하는 것이다. 내 주변의 사람들 중에서도 마치 고삐에 묶여 끌려가는 소처럼 삶을 즐겁게 보내기는커녕 하루하루 쫓기듯 살아가는 사람들이 많다. 꿈이 없기 때문이다. 그러니 같은 삶을 살아도 취업과 생계와 같은 걱정 앞에서 한숨과 까칠한 얼굴의 주름만 늘어나는 것이다.

아직도 공무원과 각종 고시 관련 직종이 '철밥통'이라는 착각에 빠져서 해당 조직들이 요구하는 능력을 키운답시고 토익과 영어 사전에만 매달려 있는 젊은 친구들이 의외로 많다. 토익 점수와 영어 회화 실력이 능력은 될 수 있어도 그것을 과연 평생 자신의 꿈과 어떻게 연결시킬지는 심각하게 생각해 봐야 한다.

모든 선택에는 기회비용과 반대급부가 동시에 존재한다는 것을 염두에 둔다면, 좀 더 나은 능력을 선택하는 것이 당연하다. 그런데 문제는 어떤 능력이 더 나은 것인지를 제대로 알지 못하는 사람들이 의외로 많다는 것이다.

내 친구 중에 현재 길거리에서 장사를 하는 친구가 있다. 그는 나와 같은 나이니 그렇게 어린 것은 아니다. 몇 년 전부터 노점과 지하철역에서 장사를 시작해 아직까지도 그 일을 하고 있다. 거리에서 스쳐 지나가는 사람들은 이 친구를 보고 무언가 부족하다고 생각할 수 있다. 심지어 한심하고 불쌍한 인생을 산다고 여길 수도 있다. 또 한편으로는 어쨌든 열심히 사는 젊은 친구라고 칭찬도 할 것이다. 그런데 그렇게 평가하는 사람들 중에서 이 친구보다 더 부유한 부자가 있을까? 주변 친구들 중에서 경제적인 수입 말고 정서적으로 더 편안하게 살고 있는 사람이 대체 몇이나 될까?

이 친구는 현재 하고 있는 사업이 보기에는 노점이지만 직원과 아르바이트도 있고, 거래처도 확보한 작은 유통기업의 CEO이다. 그 친구는 직원들보다 더 열심히 현장을 발로 뛰며 리더로 활동하고 있고, 주위의 시선을 아랑곳하지 않고 현장의 고단함마저 마다하지 않으며 꿈을 키워가고 있다.

이처럼 자신의 소중한 꿈을 행동으로 옮길 수 있다면 남들보다 여유로운 삶과 더 행복한 인생을 살아갈 수 있다. 그리고 일을 즐기면서 자신의 인생을 능동적으로 이끌러 나갈 수 있는 것이다. 이렇게 되기 위해서는 가장 먼저 두 가지 직문에 대한 답을 할 수 있어야 한다.

"왜 태어났는가?"

"어떻게 살아야겠는가?"

이 두 가지 질문에 대해 스스로 답할 수 있다면 분명히 인생의 나침반을 만들 수 있을 것이다. 그리고 나침반을 들고 자신의 꿈을 위해 몸을 던져 당장의 힘들고 어려운 고비를 넘긴다면 훗날 큰 성과를 얻을 수 있을 것이다.

이렇게 품은 자신의 꿈과 인생의 나침반은 그 누구도 함부로 평가할 수 없다. 아무리 허황되고 비현실적으로 보여도 본인 스스로가 확고한 신념과 실행력을 보인다면 반드시 소망한 대로 이루어진다고 생각해야 한다.

떠돌이 말 조련사의 아들로 태어난 한 소년이 있었다. 이 소년은 목장과 경마장을 떠도는 아버지를 따라 수없이 이사와 전학을 다녀야만 했다. 소년의 이러한 사정은 고등학생이 되어도 마찬가지였다.

어느덧 졸업을 앞둔 그는 선생님이 꿈을 묻는 숙제를 내주자 '언젠가는 거대한 말 목장의 주인이 되겠다'는 인생의 목표를 자그마치 일곱 장이나 깨알 같이 적어서 제출했다. 자신의 꿈을 세세하게 구체화시켰지만 돌아온 것은 커다란 붉은 글씨의 'F'였다. 그리고 수업이 끝난 뒤에 면담을 하자는 쪽지가 붙어 있었다.

도저히 자신의 과제물에 대한 성적이 이해되지 않았다. 그래서 그는 선생님을 만나자마자 F를 준 이유에 대해 물었다. 선생님은 그에게 말하기를 너무 터무니없는 꿈이기 때문에 점수를 좋게 줄 수가 없었다고 대답했다. 그리고 그 꿈을 이루기에는 돈도 능력도 없기 때문에 현실적인 목표를 세워 숙제를 다시 제출하면 점수를 주겠다고 말했다.

이 말을 들은 말 조련사의 아들은 아버지에게 조언을 구했다. 아버지는 낙담한 그에게 "자신의 인생은 자신만이 결정할 수 있는 것이란다"라며 그 꿈을 간직하기를 바란다고 말했다.

세월이 흘러 그는 자신이 꿈대로 거대한 말 목장과 대저택을 소유할 수 있었다. 더 놀라운 것은 자신에게 F를 준 선생님이 그곳에서 일주일 동안 학생들과 지냈다는 것이다. 그때 선생님은 목장을 떠나는 날, 그에게 이런 고백을 했다고 한다.

"이보게. 난 이제 자네에게 말해야 할 것 같네. 내가 자네를 가르칠 때만 하더라도 난 꿈을 훔치는 도둑에 불과했어. 그 시절에 많은 아이들의 꿈을 훔쳤지. 다행히도 자네는 굳센 의지를 갖고 자네의 꿈을 포기하지 않았던 걸세."

작고 보잘 것 없었던 소년의 꿈은 현실이 되었다. 누가 뭐라고 해도 자신만이 꿈과 목표를 갖고 실천한 것이다. 이처럼 구체적으로 만들어진 인생의 나침반은 방향을 상실하지 않고 항상 목표를 주시하게 한다. 아무리 거친 파도와 풍랑 속에서도, 승리를 얻으려면 인생의 나침반을 놓쳐서는 안 된다.

꿈꾸는 자를 이길 고난은 없다고 한다. 그래서 항상 과감하고 담대한 자세가 필요하다. 인생의 커다란 지도를 그리자. 그리고 자신만의 나침반을 간직하여 차근차근 발걸음을 옮기는 지혜를 가진다면 성공에 이를 수 있다.

대학 졸업장은 필요 없다

내가 운영하는 〈한국영업인협회〉의 회원들과 간혹 만나면 꼭 하는 이야기가 있다. "왜 학교를 다니지 않았느냐?"는 질문이다. 이때 내가 늘 하는 이야기가 있다.

"모든 선택에는 기회비용으로 잃는 것이 있다. 그러나 그 이면에는 반드시 반대급부가 따르는 법이다. 어떤 선택을 해야 할 때, 기회비용과 반대급부 사이에서 올바른 선택을 하기 위한 기준은 바로 비전이다. 여러분들이 앞날을 어떻게 살아갈 것인지에 대한 설계도가 있다면 그것을 참고하여 현재의 선택을 하면 된다."

사실 내게 대학은 계륵과도 같았다. 대학을 졸업하면 아무래도 '스펙'을 쌓는 것에 유리했겠지만, 그렇다고 졸업장만을 위해서 의미 없는 배움을 하며 시간을 낭비하는 캠퍼스 생활을 계속 할 수도 없는 노릇이라 생각했다.

물론 미래에 해야 할 일이 대학 졸업이 유리할 것이란 확신이 있었다면 두 말 없이 복학해서 졸업장을 땄을 것이다. 그러나 지금까지 가슴에 품어 왔던 꿈과 현재 내가 하고 있는 일을 생각하면 대학 졸업장은 그다지 필요가 없을 것 같다. 모든 배움에 헛된 것이 있겠느냐만, 내가 꿈을 이루어 나가기 위해서는 당장의 실전이 더욱 큰 배움이 될 것이란 생각에 오늘도 열심히 일을 하고 있을 뿐이다.

자신의 꿈과 목표가 있음에도 불구하고 주변의 환경이나 시선 때문에 자꾸 실행을 미루면 현재의 삶에도 불만족스러워질 수밖에 없다. 뿐만 아니라 시간이 지나갈수록 기회비용은 더 커질 수밖에 없다. 그러므로 새로운 일을 시작할 때 '너무 늦은 것은 아닐까?'라는 생각으로 망설이지 말고 도전해야 한다.

유명한 팝페라 가수인 안드레아 보첼리는 이탈리아 토스카니의 가난한 농가에서 태어났다. 그는 부모님이 여섯 살 때부터 피아노와 플롯 등 악기를 배우게 하면서 음악을 접하게 되었다. 보첼리는 자신의 적성에 맞는 음악을 접하게 되었다. 보첼리는 자신의 적성에 맞는 음악을 좋아하게 되었고, 또 장래의 꿈으로 '음악인이 되고 싶다'는 말을 주위 사람들에게 종종 했다.

그러나 열두 살이 되던 해에 사고로 시력을 잃어버린 보첼리는 장애인이 되었다. 하지만 꿈을 포기하지 않고 연습을 계속해 각종 콩쿠르에 나가 수상할 정도까지 되었다. 하지만 가족들의 생각은 달랐다. 워낙 가난한 집안이었기 때문에 보첼리가 음악을 포기하고 변호사가 되기를 바랐던 것이다.

기회비용을 지불해야 할 때가 온 보첼리는 자신의 꿈을 포기하고 법학대학에 들어가 변호사가 되었다. 안정적인 생활과 변호사 활동으로 얻은 사회적인 지위 대신 음악을 포기해야 했던 그는 계속 후회가 들었다. 그래서 결국 음악을 다시 하기로 하고 낮에는 교육을 받고 밤에는 일하는 힘든 생활을 스스로 선택했다.

꿈을 포기하지 않고 힘든 나날을 꿋꿋이 견디던 어느 날, 세계적인 테너인 루치아노 파바로티와 함께 무대에 설 기회가 생겼다. 그리고 보첼리는 드디어 노래를 부를 수가 있게 되었다. 보첼리의 노래를 들은 파바로티는 극찬했으며, 이후 보첼리는 클래식 가수로는 처음으로 그래미상에 노미네이트되었다. 게다가 그의 앨범은 기네스북에 오를 정도로 엄청난 판매를 기록했다. '음악을 하고 싶다'는 꿈을 위해 자신의 안정적인 직업을 버렸던 기회비용의 지불은 보첼리에게 성공이라는 달콤한 열매까지 안겨 주었다.

자신의 적성에 맞는 일을 찾거나 이루고자 하는 꿈이 있다면 나이에 상관없이 과감하게 나서라는 것은 비단 청소년들에게 이야기하는 교훈만이 아니다. 어쩌면 30대, 40대 아니 황혼을 바라보는 나이에 있는 사람들도 자신의 꿈을 위하여 실천에 나서야 한다. 그러기 위해서는 기회비용의 지불에 대하여 아까워하지 말아야 한다. 무조건 담대하게 실천에 나서야 한다.

사르트르의 "인생은 B와 D사이의 C다"는 말처럼 B^{Birth}와 D^{Death}라는 태어남과 죽음 사이에는 C^{Choice}, 즉 선택만이 있을 뿐이다. 끊임없이 선택해야 하고 무언가를 결정하면 다른 것은 포기해야 하는 인생에서 자꾸 두 마리 토끼를 잡겠다는 것은 우유부단을 감추기 위한 미사여구일 뿐이다.

"과감하라! 과감하라! 또 과감하라!"는 말과 같이 인생에서 선택의 연속이라면 현재보다 나은 미래, 과거보다 나은 현재가 될 것이란 믿음으로 최선의 노력을 해야 한다. 자꾸 기회비용을 아까워 주저했다가는 발전하기는 어렵다.

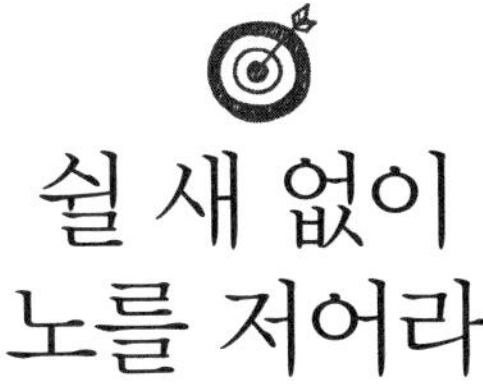

쉴 새 없이
노를 저어라

"한 대목에서 성공한 창조자는 다음 단계에서 또 다시 창조자가 되기 어렵다. 왜냐하면 이전에 성공한 일 자체가 커다란 핸디캡이 되기 때문이다. 이들은 이전에 성공한 일 자체가 커다란 핸디캡이 되기 때문이다. 이들은 이전에 창조성을 발휘했다는 이유만으로 지금의 사회에서 권력과 영향력을 행사하는 중요한 자리에 있다. 그러나 그들은 그 지위에 있으면서도 사회를 전진시키는 일엔 쓸모가 없다. '노 젓는 손'을 쉬고 있기 때문이다."

아놀드J. 토인비가《역사의 연구》에서 언급한 말이다. 한 번 성공한 사람이 연달아 성공한다는 것은 매우 어렵다. 특히 과거의 성공 경험만으로 또 다시 성공하겠다는 것은 지나친 만용에 불과하다. 또 그렇게 쉽게 성공을 이어갈 수도 없다.

진정한 프로들은 한 번의 성공에 만족하지 않고 이후 자신의 부족한 부분을 채우려 과거보다 더 노력한다. 히딩크 감독이 2002년 월드컵 때 한국 축구의 염원이었던 16강에 진출하고도 '나는 아직도 배가 고프다'는 말로 선수들을 독려한 것, 또한 SK가 프로야구 한국 시리즈에 첫 우승을 거둔 뒤 여운이 채 가시기도 전에 선수들을 지옥훈련으로 몰아넣어 이듬해에 또 다시 우승했던 것도, 단 한순간이라도 안주하지 않으려는 '진행형' 마인드가 있었기 때문이다.

토인비의 말처럼 예전에 혁신적인 창조성을 발휘하였음에도 불구하고 지금은 역사의 뒤안길로 사라진 인물이나 기업의 사례는 많다. 우리나라가 고음질 오디오 압축 기술인 MP3 파일을 만들어 내 순식간에 세계 휴대용 오디오 시장을 석권했지만 애플의 아이패드[IPod]가 등장해 바로 시장 점유율을 빼앗기고 1등의 자리를 내줬다.

장강을 거슬러 올라가는 배가 노를 젓지 않으면 아무리 뛰어난 배라도 물결에 밀려 뒤로 가고 만다. 우아한 백조가 물 위에 계속 떠 있기 위해서 수면 아래로 발을 쉴 새 없이 움직여야 하는 것과 같다.

잘 될 때가 가장 위험하다

면 생리대 사업을 시작한 지 얼마 지나지 않아 사업이 본격적인 궤도에 올랐을 때 남모르는 회사의 여러 가지 문제들로 전전긍긍하고 있었다. 짧은 기간 동안이었지만 한 달에 1억 가까이 매출이 발생하니 겉으로 보기에는 성공적인 론칭이었다는 이야기를 듣고 있었다.

그러나 워낙 가진 것 없이 사업을 시작했던 탓에 이리저리 빌린 돈을 포함해 각종 부채가 많았다. 그럼에도 불구하고 사업이 잘될 것 같아 급격히 확장을 하다 보니 위태위태한 상황은 계속 이어졌다.

사업 시작 후 몇 달도 안 되어 매장은 7개로 늘어났고 직원 수도 그만큼 비례해서 뽑았기 때문에 외적인 규모는 커보였지만, 수중에 현금은 없고 다만 갚아야 하는 빚만 잔뜩 있었다. 이런 상황에도 나는 낙관적이었기에 늘어난 매장 수와 고객들을 보고 괜한 안도감과 자만심으로 우쭐댔다. 회사 일에는 점점 신경을 덜 쓰고 사내 연애나 하면서 위기가 코앞에 닥쳤는데도 눈에 보이는 외적인 것에만 빠져 희희낙락하고 있었던 것이다.

사업을 책임져야 할 사람이 정신이 헤이해져 있으니 직원들과의 의사소통도 제대로 될 리가 없었다. 회사의 사태가 어떻게 되고 있는지 파악도 못하는 지경에 이르렀다.

사태가 이런 줄도 모르고 시간만 나면 여자 친구와 '맛집'을 찾아다니고 여행을 하고 겉멋이 들어 와인을 즐긴답시고 저녁만 되면 이곳저곳을 돌아다녔다. 회사의 조직은 곪을 대로 곪아가고, 그 많은 직원들이 믿음을 져버린 나를 원망하며 한꺼번에 그만두는 사태가 일어났다. 모든 매장의 문을 닫아야 했던 것이다.

2007년 10월, 직원들은 모두 떠나고 사내 커플이었던 여자 친구만이 남았다. 을지로 입구 가판대에서 추운 날씨에도 묵묵히 일하고 있는 여자 친구를 보고 있자니 울컥했다. 그래서 무엇이든 다시 하겠다는 심정으로 면 생리대를 들고 방문판매를 시작했다. 천국과 지옥을 한꺼번에 경험하며 나 자신을 자책하고 후회하며 하루하루를 보냈다. 하지만 그런 정신으로 방문판매를 하니 실적이 오를 리가 없었다.

정신을 차려보니 한 달에 30만 원을 입금하던 보험도 실효될 정도로 가진 것 하나 없는 빈털터리가 되어 여자 친구를 고생시키고 있었던 것이다. 그때 생각난 곳은 찜질방이었다. 나로서는 마지막 이런 심정으로 한 달 동안 여자 친구와 함께 찜질방을 돌아다녔다. 그러던 어느 날, 또 다시 찜질방으로 영업하러 가던 중 그만 교통사고가 나버렸다. 부천역과 역곡역 사이의 한 사거리에서 택시를 들이받은 것이다. 급한 마음에 신호등이 노란불로 바뀌는데도 사거리를 지나가려고 신호위반을 한 것이 화근이었다.

사고를 낸 것도 큰일이었지만 무엇보다 낡은 승합차가 완전히 망가져 폐차 수준이 된 것이 더 심각했다. 택시야 보험으로 처리한다지만 자차보험에 가입하지 않아 승합차를 수리하려면 고스란히 내가 다 보상해야 했다. 견적을 뽑아보니 300~400만 원이나 돼 눈앞이 캄캄

했다.

그냥 주저앉고 싶었다. 그 순간 "이제 우리 어떡해?"라는 여자 친구의 말에 오기가 발동했다. 자존심도 상했고 이렇게 된 것이 다 내 탓인데 보란 듯이 다시 일어서고 싶었다. 안면도 몇 번 없는 공업사 사장님에게 몇 날 며칠을 부탁해 드디어 오래된 경차 한 대를 빌려 다시 영업에 나섰다.

그렇게 지내기를 얼마 하지 않아 구정 연휴가 다가올 때였다. 노점에 팔 물건을 외상으로 가져와 지하철역에 나가려고 하는데 짐과 손수레가 티코에 들어가지 않는 것이었다. 그래서 짐과 손수레를 들고 지하철을 타려고 가는데, 뒤에서 이를 지켜보던 아버지가 나를 불렀다. "너 도대체 뭐하고 다니는 거냐?"

"…."

아버지를 똑바로 쳐다볼 수도, 물음에 대답할 수도 없이 동상이 되다시피 온 몸이 굳어졌다. 처음부터 이 일을 찬성하지 않았던 아버지는 더 이상 아무 말씀도 하지 않았지만 자신 있게 아버지를 설득했던 예전의 나를 생각하면 참 볼 면목이 없었다. 그때 새벽기도를 위해 교회를 다니고 있었는데, 마침 떠오르는 성경구절이 있었다.

"환란은 인내를, 인내는 연단을, 연단은 소망을 낳는다"라는 구절이 불현듯 떠올랐다. 성공한 사람의 과거는 비참하여 비참할수록 아름답다는 생각으로 이를 악물고 영업했다.

계속된 어려움에도 온몸으로 부딪치며 돌파하겠다는 의지를 포기하지 않자 어느덧 재기의 발판을 마련할 수 있었다. 한두 달이 지나자 판매에 도움이 되는 아이디어가 마구 떠올랐고, '면 생리대 무료 체험 이벤트'와 같은 기획으로 사람들의 주목을 끌면서 재기에 성공할 수가 있었다.

"잘될 때가 오히려 가장 위험한 때이다"라는 말처럼 성공은 항상 실패를 잉태하고 있었다. 길동역에서 매장을 운영할 때도 그런 일이 있었다. 길동역 매장의 매출이 꾸준히 오르자 흐뭇한 기분에 매일매일 공을 들여 매장을 관리했다. 하루 5만 원이던 매출이 어느새 하루 30~40만 원을 바라보니 누가 봐도 '월천', 즉 매월 천만 원의 매출에 육박하게 되었다. 실제로는 자릿세나 운영경비, 물건 값 등을 빼면 수중에 남는 돈이 그렇게 크지는 않았으나, 괜히 어깨에 힘주고 다니며 월천이란 별명에 허파에 바람이 잔뜩 들어간 사람마냥 굴었다.

나처럼 20대 젊은 나이에 작은 성공을 맛본 이들 중에서 종종 허풍이 심하고 스스로 과장하는 사람들이 있는데, 이들의 미래는 하나같이 똑같다. 하나둘 씩 떠나가고 일은 안 풀리기 시작하면서 서서히 침몰해 가는 배의 선원처럼 뒤늦게 혼자서 발버둥치게 된다.

'월천 심사장'이란 말을 듣고 다닐 때 처음에는 좋은 뜻인 줄 알았는데 알고 보니 어깨에 잔뜩 힘이 들어간 나를 보고 비꼬는 말이었다. 이제 갓 시작하는 상황에서 작은 성공을 맛본 주제에 그러고 다녔으니 망해도 싸다는 말이 나와도 아마 할 말이 없었을 것이다.

그렇게 길동역의 성공에 도취하여 으쓱대며 다니던 어느 날이었다. 거래처 사장님 중 한 분이 새로운 장사를 제안하셨다. 그분이 거래하는 곳 중에서 급하게 노점을 뺀 곳이 있어 대신 그 자리를 맡아 할 사람을 찾는다는 것이었다.

내가 제안 받은 곳은 의정부 광장의 노점 자리였다. 지금은 시청의 행정조치로 노점 자리가 사라졌지만 2003년 당시만 하더라도 의정부역 동부광장은 노점의 천국이었다. 액세서리부터 신발, 먹을거리, 의류, DVD 등 온갖 것을 다 파는 복합 쇼핑몰 수준이었다. 그리고 유동인구도 엄청나 매대를 펴기만 하면 돈을 긁어 담는다는 요지 중의 요지였다.

시장조사를 더 할 겸 의정부역 동부광장을 갖은 나는 그곳에서 5천 원짜리 시계를 판매하는 노점상 주인에게 하루 매출이 5백만 원이란 이야기를 듣고 깜짝 놀랐다. 잘 된다는 것은 알았지만 그 정도일 줄은 몰랐던 것이다. 가만히 지켜보니 사람들이 빼곡하게 매대를 에워싸고 서로 앞다퉈 돈을 내미는 것이 정말 실감났다.

그러나 나는 새롭게 노점을 시작할 자금이 없었다. 하지만 길동역 매장도 잘되고 있었고, 의정부역 노점도 시작하기만 하면 곧바로 성공할 수 있을 것 같았다. 그리고 외상으로 자릿세를 내겠다며 생떼와 억지를 쓰듯 사장님께 매달려 자리를 얻어냈다.

“나 원 참, 너 팔 물건은 있냐?”

“제 아이템은 꿈과 열정입니다!”

이렇게 해서 노점 자리와 물건까지 받은 나는 하루 자릿세로 30만 원을 지불하는 노점을 시작할 수 있었다. 무더운 여름이었지만 하루 200만 원, 아니 100만 원이라도 팔면 자릿세를 내고 20만 원은 번다는 계산에 가방과 핸드폰 줄을 팔기 시작했다.

그늘 하나 없는 땡볕에서 더위와 싸워 가면서 물건을 파는 것은 쉽지 않았다. 얼마 되지 않는 손님들과 옥신각신을 하지 않나, 소나기는 왜 그리 자주 쏟아지는지 기분도 엉망이 되어버렸다. 물건이 상하는 날들도 여러 날이었다.

애초 예상과는 너무도 다르게 시간이 흘러가자 초조해졌다. 잦은 소나기 때문에 물건은 곰팡이와 녹이 슬어 팔 수도 없는 상황이 됐다. 그렇게 버린 물건 값만 해도 상당했다. 그러다 장마가 본격적으로 시작되자 장사는 아예 꿈도 꾸지 못했다.

문제는 여기서 끝나지 않았다. 그나마 믿고 있었던 것은 길동역 매장이었다. 내가 의정부역의 노점상을 운영해야 해서 친구의 친구를 아르바이트로 뽑아 매출의 20%를 수당으로 주는 조건으로 길동역 매장을 맡겼다. 그런데 나중에 슬쩍 들러보니 물건 진열도 제대로 하지 않은 채 만화책만 보고 있는 게 아닌가.

하루 30만 원의 매출을 올리던 자리가 졸지에 하루 5천 원으로 매출이 떨어졌다. 처음에는 이 상황이 이해가 되지 않았다. 매출의 20%는 결코 적은 돈이 아닌데도 매장을 방치하다시피 하고 만화책이나 들여다보는 아르바이트생이 야속하기만 했다. 그러나 이 또한 실패를 잉태하는 성공에 도취된 나의 잘못이었다.

사람을 데리고 일을 한다면 그때부터 리더십은 발휘되어야 한다. 그런데 리더십이 단지 열심히 하는 모습을 보여주는 솔선수범만으로는 안 된다. 일을 하면서 최소한 무엇을 이루고자 하는지, 앞으로의 방향이 어떤지를 공유하는 것도 매우 중요하다. 어디가 목적지이고, 얼마나 더 가야 하는지 모르는 상황에서 무작정 길을 걸으라고 한다면 쉽게 지치는 것이 일반적인 사람의 심리다. 비전의 공유와 의사소통이 제대로 되지 않은 상황에서 '많이 벌면 수당도 많이 챙길 수 있다'는 말 한마디로 매장을 통째로 맡겼으니, 잠깐 열심히 할 뿐 지속적인 동기부여가 되지 않았던 것이다.

이런 사업의 기본적인 것도 모르고 내가 잘 관리했으니 그대로 하면 된다는 식의 사고방식부터가 벌써 실패의 조짐을 안고 있었던 셈이다. 사람은 단지 돈으로만 움직이는 존재가 아니다. 많은 돈을 벌고 싶어 하는 심정이야 누구나 다 갖고 있지만, 그 열정을 계속 유지시키려면 때마다 적절한 보상뿐만 아니라 동기부여와 격려, 그리고 비전의 공유가 이루어져야 한다.

실패와 좌절을 두려워하지 마라

이렇다 할 조직 생활이나 사업 경험도 없이 하나부터 열까지 모든 실전경험으로 배웠기에 서툰 점도 많았고, 위기도 많이 찾아 왔다. 그러나 그 위기는 물건을 못 팔아 겪었다기보다 뭔가 일이 술술 잘 풀리는 듯한 느낌이 들 때 찾아왔다.

인생은 새옹지마라고 했던가. 복이 화가 되기도 하고, 화가 복이 되기도 하니 한 치 앞을 내다볼 수 없다. 잘된다는 느낌에 빠져 있을 때 위기는 나도 모르게 다가오고 있었으니 말이다.

의정부에서 노점상을 한 것이 실패로 끝날 무렵, 길동역의 매장도 만성 적자상태에 빠졌다. 설상가상으로 어머니마저 인천의 한 병원에 입원하셔서 우울한 날들을 보내고 있었다. 하루의 일과도 피곤함의 연속이었다. 당시에는 노점을 하기 위해 거래처에서 승합차를 빌려 밤 9시까지 일하고 친구들까지 바래다주면 새벽 2시에야 겨우 잠자리에 들 수 있었다. 그리고 노점으로 출근하기 전에 어머니 병문안을 하려면 새벽 5시에 일어나 움직여야 했다.

이런 강행군을 해도 일은 풀리기는커녕 계속 꼬이기만 했다. 어느 날 아침, 노점의 계약 기간이 얼마 남지 않아 어떻게든 많이 팔아야 한다는 욕심으로 새벽에 일어났다. 여느 때와 마찬가지로 어머니 병문안을 마치고 의정부로 가던 중 그만 교통사고가 났다. 오래된 승합차라 브레이크도 평소에 말을 잘 듣지 않았고, 내 운전 실력 또한 면허를 딴 지 한 달 조금 넘었을 때라 갑자기 끼어든 차를 피하지 못하고 그만 들이박은 것이다.

내가 몰던 승합차는 무보험이었고, 내가 들이박은 차 말고도 택시 한 대까지 연쇄추돌로 사고가 일어나 일어 너무 커져 버렸다. 일단 그 자리를 모면하기 위해 거듭 사정하면서 수중에 갖고 있던 돈을 다 털어 주었지만 문제가 해결되지 않았다. 내가 몰던 승합차와 상대방의 차 수리비, 그리고 밀린 자릿세와 물건 값까지 순식간에 그날 이후로 빚이 천만 원이나 생겨 버렸다.

안 되는 사람은 뒤로 넘어져도 코가 깨진다고 내가 딱 그 꼴이었다. 5백 원짜리 연필을 팔고 천 원짜리 핸드폰 줄을 팔던 나로서는 천 만 원의 빚은 하늘로 무너지는 재앙이었다. 도저히 갚을 방법도 없었지만 그렇다고 손을 놓고 가만히 있을 수도 없었다. 그래서 할 수 없이 노점 자리를 제공해준 분과 물건을 거래하던 분을 찾아가 솔직히 털어 놓았다.

"사장님! 열심히 하려고 했는데 이렇게 됐습니다. 지금 당장 빚을 갚을 만한 형편은 못 되지만, 그렇다고 무작정 봐 달라는 말은 안하겠습니다. 막노동을 해서라도 올 해가 끝나기 전에 갚을 테니 시간을 주십시오."

"허허, 사업하면서 이런 경우는 처음이군. 대부분 나니 든 사람들도 일이 이 지경이 되면 뻔뻔스럽게 나 몰라라 하고 자취를 감추는데 자네는 좀 다른가 보군. 알았네. 그런데 막노동을 해서 언제 그걸 다 갚아? 장사가 제일 빠르니 초심으로 돌아가 열심히 해봐! 요즘 잘나가는 물건을 챙겨줄 테니 말이야.”

순간 나는 내 귀를 의심했다. 된통 혼이 나거나, 심지어 심한 욕설까지 각오했는데 결과는 정반대였다. 백만 원이 넘는 물건을 외상으로 얻게 될 줄은 꿈에도 상상하지 못했다. 연이은 실패와 사고, 그리고 사장님의 호의 덕분에 나는 ‘세상은 살다보면 모든 것이 뜻대로 되지 않는다’는 평범한 진리와 좋을 때가 있으면 나쁠 때가 있고, 쉬울 때가 있으면 힘든 때가 있다는 것을 깨달을 수 있었다.

항상 힘들기만 하거나 반대로 늘 쉽기만 한 일은 없다. 누구나 패배에서 승리를, 실패에서 성공을 배울 수 있다. 작은 성공에 도취되면 안 되는 것처럼 한 때 찾아온 어려움으로 실의와 좌절에 빠져 주저앉아서도 안 된다.

다윗 왕이 자신의 업적을 후세에 기리기 위해 세공사를 불러 아름다운 반지를 하나 만들어 오라고 시켰다. 그리고 반지의 안쪽에 자신이 교만에 빠지지 않게 하기 위한 글귀를 새기되, 그 글귀에는 자신이 큰 역경에 부딪쳤을 때 희망을 줄 수 있는 문구여야 한다고 주문했다.

세공사는 도저히 자신의 능력으로 이런 문구를 만들 수가 없어 왕자인 솔로몬을 찾아갔다. 솔로몬은 세공사의 말을 듣고 단 한마디의 말을 했다.

"이것 또한 지나가리라."

성공을 향해 달려가거나, 또는 갑작스러운 위기에 처했을 때 이문 구는 마치 주문처럼 나 자신을 가다듬게 해준다. 젊은 시절에는 패기와 열정이란 무기도 있지만 앞으로 맞닥뜨려야 할 위기가 그만큼 많다. 성공에의 도취나 실패로부터 오는 좌절 등 앞으로 일어날 일에 대하여 일희일비할 필요가 없다. 단지 어제보다 나은 오늘, 오늘보다 더 나은 미래를 위해 정진할 뿐이다.

성공에 도달하기 위한
원칙이 필요하다

어떤 시련이 오더라도 이를 극복할 수 있는 것은 다름이 아닌 자신의 신념을 굳건히 지킬 때에 가능하다. 장사를 하든, 기업을 경영하든 흔들리지 않는 원칙과 방향이 있다면 쉽게 실패의 길로 들어서지 않는다. 설령 실패를 겪게 되더라도 우왕좌왕하지 않고 한 방향으로 올곧게 나아갈 수 있다.

그런데 이처럼 신념을 지키고 원칙을 뚜렷하게 견지해야 한다는 말을 하면 마치 융통성 없는 원칙주의자는 세일즈와 맞지 않다는 말을 많이 한다. 하루에도 수십, 아니 수백 번이나 돌발 상황이 발생하고, 만나는 고객마다 다양한 개성이 있기 때문에 원칙보다 상황에 맞는 응용 능력이 더 중요하다는 것이다.

노점이나 매장에서 장사하면서 가장 많이 듣는 이야기는 '융통성'이다. 그러나 융통성은 임기응변의 능력이라고 할 수 있다. 하지만 아무런 원칙 없이 그저 그때그때 상황에 따라 판매 정책도, 가격도 수시로 바꿔 버리면서 고객을 헷갈리게 하는 것은 융통성이 아니다.

카멜레온과 같은 변신과 임기응변을 원칙 없는 행동으로 오해하여 세일즈를 한다면 고객으로부터 신뢰를 잃을 수 있다. 주변 환경의 변화를 무시하고 옹고집으로 자신의 방식만을 고집하는 것도 잘못된 것이지만 지나치게 자신의 신념과 색깔을 바꾸는 것도 옳지 않다.

그렇다면 '원칙을 지킨다'는 것과 '임기응변 혹은 변화에 대한 능동적인 대응'은 과연 어떤 관계일까? 이 두 가지, 즉 원칙과 변화는 동전의 양면과도 같다. 공통된 기준을 갖고 작용하는 동력기관의 톱니바퀴이기 때문이다.

개인이나 조직은 비전과 핵심적인 가치, 그리고 자신이 추구하는 명확한 방향이 있어야 한다. 그래야만 진화할 수 있다. 이러한 기본적인 방향을 분명히 하는 것이 바로 원칙의 준수다. 이 원칙이 훼손되지 않는 선에서 다채롭게 변화를 수용할 수 있어야 한다.

소니는 영광의 나날 못지않게 상처투성이가 된 적이 많다. 게임기 시장에서 닌텐도에게, 휴대용 오디오 시장에서는 아이리버와 애플에게 밀리는 등, 과거 '워크맨'의 화려하나 영광 따위는 지나간 전설이 된 것만 같았다. 그러나 소니는 수많은 실패에도 불구하고 버리지 않은 것이 있다. 그것은 바로 '장인정신'이다. 이 원칙을 지켰기 때문에 CD와 같은 제품을 만들어 내고 디지털 강자의 자리를 쉽게 내주지 않고 있다.

힘든 상황일수록 원칙을 지켜라

소니의 경영은 아직도 많은 우려를 자아내고 있다. 예전에는 한 수 아래로 봤던 삼성에 의해 추월당한지 오래다. 더욱이 닌텐도와 애플, 심지어 마이크로소프트까지 소니의 아성을 위협하고 있다. 그럼에도 불구하고 소니 제국의 멸망을 함부로 이야기하는 사람들은 많지 않다. 비록 경고의 신호를 보내고 있고 파산의 위기까지 맞이했던 소니였지만, 아직도 디지털 업계의 강호로 자리매김하고 있다.

과거 컬러텔레비전 시장에서 초기 막대한 돈을 쏟아 부으며 신기술을 내놓았다가 파산 직전까지 몰렸지만, 곧바로 장인정신을 발휘하여 시장을 석권하는 새로운 기술을 내놓아 회생했던 소니는 이후에도 여러 번 실패와 성공의 반복을 경험했다. 그 어떤 위기에도 끝까지 장인정신을 포기하지 않았기에 가능했던 일이었다.

이러한 원칙을 끝까지 고수하는 것은 거창한 비전이나 장인정신을 가진 기업에만 해당하는 것이 아니다. 작은 부자 역시 스스로 하기 나름이다. 내가 알고 있던 거래처의 어떤 사장님도 노점으로 장사를 시작했을 때부터 자신만의 원칙을 지키며 사업을 하였기에 지금은 80여 개에 달하는 매장을 관리할 정도로 성공하셨다. 이 매장들의 수입을 합치면 웬만한 중소기업의 매출과 맞먹는다고 한다.

가장 큰 성공요인은 바로 원칙을 지키며 사업을 했다는 것이다. 목표를 정하고 그것을 이루겠다는 결심은 한눈을 팔지 않고 사업에만 매진하게 했다. 부지런하고 성실하게 원칙을 지키며 숱한 유혹과 헛된 욕심을 부리지 않았던 그 과정이 더 배울 만한 것일지도 모른다. 잠도 제대로 자지 않고 인생의 절반 이상을 한 가지 목표를 위해 노력을 기울이는 것은 웬만한 끈기로는 불가능하다.

"누구나 이 바닥에 들어와 성공할 가능성은 공평하게 주어지지. 그런데 누구나 다 성공할 수 있는 건 아니야. 잘 것 다 자고, 놀 것 다 놀며 장사하면서 돈이 안 된다고 하는 건 어불성설이야. 몸도 제대로 움직이지 않고 장사를 하는데 어떻게 돈이 들어와?"

조금만 힘들면 쉽게 포기하는 젊은 사람들에 대한 그분의 질책에서 끈기와 원칙이 느껴졌다.

"새벽에 나와서 3~4시간, 밤에 들어가기 전에 2~3시간만 장사를 더 해도 하루 대여섯 시간을 더 하는 거야! 보통 장사를 하는 사람들이 12시간 정도를 하는데, 5~6시간을 더 해 하루를 20시간하면 남들 한 달 장사해서 버는 돈의 두 배를 벌 수 있어. 장사를 오래 한다고 자릿세를 더 달라는 것도 아닌데 왜 매장을 그냥 놀려?"

빚이나 지지 않으면 다행인 세상에서 이렇게 해서 하루에 10만 원만 더 벌어도 그게 쌓이고 쌓여서 1년 이면 3천만 원이 된다. 3천만 원이면 요즘 직장 생활하는 사람들이 부럽지 않다는 것이다.

이처럼 그분의 원칙은 철저한 시간 관리와 활용, 그리고 판매 활동의 절대량을 늘리는 것이다. 그리고 이 원칙은 장사를 시작한 이래로 한 번도 어긴 적 없이 지켜왔다. 이 원칙을 지키고 성공을 이루기 위해 이루 말할 수 없는 고통도 다 참아가며, 결국 자신과의 싸움에서 이긴 것이다.

나 또한 꼭 지키고자 하는 원칙이 있다. 내 꿈은 위대한 세일즈맨, 세일즈 멘토가 되는 것이다. 그래서 하루도 빠짐없이 매일 해야 하는 일을 정해놓고 반드시 지킨다. 곧 죽어도 이것만큼은 지키겠다는 내 원칙은 'BIG 3'하고 하는데, '부자 공부' '몸값 올리기' '건강관리'이다.

내 꿈 중의 하나가 VVIP^{Very Very Important Person}를 대상으로 한 세일즈로 훗날 초호화 요트 레저 파크를 건설하는 것이다. 따라서 부자에 대한 체계적인 공부를 해야 할 뿐만 아니라, 이에 맞는 위대한 세일즈맨과 세일즈 멘토로 널리 알려지기 위해서 나름대로 몸값을 올리기 위한 전략을 마련해야 한다. 이런 준비과정을 충실히 수행하기 위한 건강관리야 당연한 것이다.

지금도 BIG 3를 실천하기 위한 일과의 관리는 철저하게 지키고 있다. 모임 때문에 어쩔 수없이 술을 마시고 새벽에 들어가더라도 그날 하기로 한 계획을 완수하고 토막잠이라도 자는 것이 내 생활 원칙이다.

성공은 우연히 복권당첨의 행운처럼 찾아오지 않는다. 기회는 준비한 자의 몫이란 말이 괜히 생긴 것이 아니다. 그중 하나가 원칙이 흔들리지 않는 것이다. 원칙은 편할 때만 지키는 것이 아니라 어려움에 빠질 때 더욱 절실하게 지켜야 하는 것이다. 안철수 씨는 그의 저서인 《나의 선택》에서 이렇게 말했다.

"매사에 순조롭고 평안할 때는 누구나 원칙을 지키려고 한다. 그러나 원칙을 원칙이도록 만드는 힘은 어려운 상황, 손해를 볼 것이 뻔한 상황에서도 그것을 지키는 것에서 비롯된다고 본다. 힘든 상황에서도 원칙을 지켜나간다면 그것이 언젠가는 큰 힘을 발휘하게 될 것을 믿는다."

성공한 세일즈맨을 보면서 마케팅이나 영업의 기법과 같은 스킬을 배우는 것도 유용하지만, 그들이 위기와 힘든 상황에서 어떻게 원칙을 지켰는지 살펴보면 성공의 중요한 법칙을 배울 수 있다. 자세히 관찰하면 할수록 그만한 이유가 있다는 것을 알게 되고, '나 역시 그렇게 하면 성공할 수 있겠구나' 하는 교훈을 배울 것이다.

다른 사람의 성공에 대한 벤치마킹은 겉으로 드러난 형식만을 베끼는 것이 아니다. 이들을 성공으로 이끈 경쟁력, 그리고 원칙이 무엇인지를 읽어내는 것이야말로 올바른 벤치마킹인 것이다.

성공하려면 버릴 것은 버려라

하고 싶은 일들만 하면서 살기에도 인생은 너무나 짧다. 때로는 하루 20시간을 세일즈 활동에 투자하는 나는 다른 것에 시간을 할애하는 것이 너무나 아깝다. 더군다나 "내가 처해 있는 상황은 도저히 즐겁게 삶을 주도적으로 이끌어 나갈 수 있는 게 아니야"라고 하면서 수동적으로 끌려가는 인생은 상상하기도 싫다.

자신이 하고 싶은 일이란 그냥 적성으로 표현하는 막연한 것, 현실적으로 내가 쉽게 할 수 있는 사소한 것 등을 말하는 게 아니다. 꿈과 인생의 목적으로 정할 수 있는 사명이 바로 자신이 하고 싶은 일이다.

어렵게 취업을 해놓고 "내 적성에 맞지 않아 도저히 환경이 마음에 안 들어서 못 다니겠어." 등 이런저런 핑계를 대고 일 년도 채 되지 않아 그만두는 청년들이 많다고 한다. 노점상을 하는 친구들 중에도 이런 유형이 꽤 있다. 장사를 하면 돈을 많이 벌 수 있다는 생각만 하고 덥석 길거리에 나왔다가 생각하지도 못한 고생과 적은 돈벌이에 한 달은커녕 일주일 만에 포기하는 사람들도 있다.

이런 사람들은 자신에게는 무한한 관대함을 허용한다. 잘 안 되는 것은 자기 탓이 아니라 주위 탓이고, 목적을 이루기 위해 기회비용을 지불하는 것을 이해하지 못한다. 연애도 해야 하고 친구 관계도 원만해야 하고 갖고 싶은 것은 가져야 하는 등 무엇 하나 자신의 기득권과 소유욕을 포기하지 않는다.

그러나 성공을 바란다면 성공체질로 바뀌어야 한다. 다이어트를 하면서 자신의 체지방을 없애고 식단을 짤 때도 좋아하는 음식을 포기해야만 하는 것처럼, 성공을 위해서도 버릴 것은 버릴 줄 알아야 한다.

아프리카에서는 원숭이를 잡을 때 원숭이가 손을 펴서 간신히 들어갈 만한 항아리에 먹을 것을 둔다. 이때 지나가는 원숭이는 먹잇감을 발견하고 대뜸 손을 펴서 항아리에 집어넣는다. 그러나 먹이를 꽉 쥔 손은 항아리에서 빠져 나오지 못한다. 손을 펴야지만 뺄 수 있는데, 원숭이는 먹이를 쥔 손을 펼 생각을 하지 않고 계속 그 상태로 끙끙대며 손을 빼려고 애를 쓴다. 심지어 사람이 와서 잡아갈 때까지 그 상태로 있다는 것이다.

결국 원숭이는 먹이에 대한 욕심과 자신의 생명을 맞바꾸는 것이다. 그런데 이런 원숭이의 어리석은 모습이 인간에게도 심심찮게 발견된다. 그나마 원숭이는 배고픔을 못 참아 먹을 것에 집착했지만, 인간은 불필요한 것에 대한 과도한 집착으로 평정심을 잃고 불행에 빠지는 경우가 많다. 과연 누가 더 어리석은 것일까?

진정 성공을 원한다면 성공과 관계없는 것을 자신으로부터 떼어 내야 한다. 이렇게 할 수 있는 용기와 뚝심이 있다면 지금 당장 버리는 것 이상의 성과를 얻을 수 있다. 냉정하게 따져서 자신에게 불필요한 것이라 여겨지는 것을 과감하게 버리고 목표에 집중하기 위해서는 다음과 같은 세 가지 원칙을 세우고 실천하는 것이 좋다.

- 인생의 커다란 밑그림을 그리고, 그에 맞는 방향으로 인생을 전
  개하라.
- 사명, 비전, 목표를 만들었다면 반드시 글로 적어 이를 수시로 확
  인하고 개선하라.
- 한 번 정한 것은 미친 듯 몰두하라.

사업은 홀로 달려야 하는 마라톤과 같다. 특히 20대의 청년이 힘과 배경, 돈도 없이 창업할 때는 더욱 외롭고 힘들다. 그러나 이러한 역경에도 굴하지 않고 서슴없이 달려야만 목적지에 도달할 수 있다. 주위 경치를 둘러보려고 주저앉는 순간, 잠시 멈춤이 아니라 뒤처지게 된다.

창업의 길은 사명과 비전을 확고히 세우고, 다시 한 번 더 꼼꼼히 따져보며 자신의 모든 것을 던질 결심이 서야만 떠날 수 있는 길이다. 길을 떠날 때는 몸과 마음을 가볍게 해야만 먼 길을 갈 수 있다. 누구나 처음 여행길을 나설 때는 기대감에 부푼 마음으로 흥얼거린다. 그러나 과한 욕심으로 잔뜩 짐을 갖고 왔다면 나중에 여행보다 짊어지고 있는 짐들을 어떻게 할지 전전긍긍하는 고생길이 될 수 있다.

포기하고 버린다는 것은 실패와 좌절의 의미가 될 수 있지만, 그

반대로 용기의 의미도 된다. 결국 이 의미를 구분 짓는 것은 원칙이다. 원칙에 부응하는 포기는 실패가 아니라 절제이자 용기인 것이다.

창업을 결심한 것과 같이 인생의 분기점이 되는 순간에 자신에게 불필요한 것을 버리고 새롭게 길을 떠나는 것은 자신의 인생을 한 단계 도약하는 것과 같다. 버리고 떠날 줄 아는 용기는 삶의 방향을 송두리째 바꾸는 결단이다. 다시 떠나야만 목적지에 도착했을 때의 희열을 다시 느낄 수 있다.

• 나에게 없는 세 가지 •

나는 이 세상에서 흔히들 있다고 믿는 것 중에 세 가지는 절대 없다고 말한다. 그 세 가지는 다음과 같다.

• 세상에 공짜는 없다!

남들에게 베풀 때는 대가 없이 베풀어야 하지만, 그 반대로 도움을 받을 때는 반드시 당사자가 아니더라도 공덕을 베풀어 사회에 환원해야 한다. 그러기 위해서는 '무주상보시無住相布施'의 습관을 갖는 것이 필요하다.

• 세상에 우연은 없다!

우연이라 여겨지는 것들을 다시 한 번 곰곰이 생각해 보면 필연을 가장한 것이다. 우연이라는 이름으로 서로 얽힐 수밖에 없는 인연이 매듭짓게 된 것일 뿐이다. 사람 간의 인연이나 하는 일도 그냥 우연히 이루어지는 것은 없다. 그렇기 때문에 사람이든, 일이든 그 내면을 비춰 보면 그것이 일어날 수밖에 없는 무언가를 발견할 수 있다.

• 마음먹으면 안 되는 일이 없다!

불가항력이란 말은 자칫하면 쉽게 좌절하는 것에 대한 자기합리화에 불과하다. 성공의 법칙 중에서 가장 앞머리에 둬야 할 것이 바로 '마음먹기'다.

• • •

간절히 원하면 이루어진다는 말은 동화 속의 주문이 아니다. 간절히 원하는 만큼 자신의 노력을 다하기 때문에 실제로 이룰 수 있는 가능성은 커지기 마련이다.

가끔 강연을 하면서 위의 세 가지를 이야기하면 실질적인 성공의 방법론을 이야기해 달라는 사람들이 많다. 그러나 성공에 관한 절대적인 방법론은 없다. 단지 참고만 할 뿐이다. 어떠한 방법론이 됐든 간에 좋은 결과를 도출할 수 있다면 좋은 방법인 것이다. 그보다 하나부터 열까지 차근차근 성공시켜 나갈 수 있는 마음가짐부터 확실하게 다져야 한다.

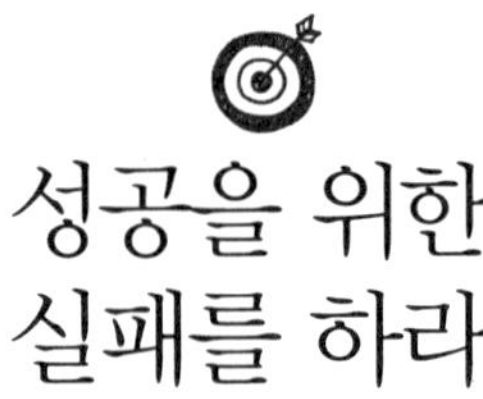

성공을 위한
실패를 하라

성공과 실패는 아마도 영원한 동반자의 관계일 것이다. 그렇기 때문에 한순간 실패하더라도 쉽게 좌절하지 말고, 또 실패로부터 성공의 요인을 발견하라는 것이 아닐까? 미국의 독립을 이끌었던 리더이자 초대 대통령이었던 조지 워싱턴도 청년 시절, 실패로부터 성공 요인을 깨달았다고 한다.

워싱턴이 초급장교였던 시절, 프랑스 점령지역을 탈환하라는 명령을 받고 이제 갓 군에 들어온 신병들로 구성된 300여 명을 이끌고 적진으로 향했다. 그러나 그를 기다리고 있던 프랑스 군대는 두 배가 넘는 700여 명과 인디언까지 가세하고 있었다.

워싱턴은 반나절에 가깝게 버텼지만, 결과는 패배로 끝나 버렸다.

이때 그는 항복문서를 쓰고 칼까지 넘겨줘야 하는 굴욕을 당해야만 했다. 비참한 패배를 겪고 돌아온 워싱턴은 억울할 만도 했다. 신병으로 구성된 부대와 병력의 열세는 싸우기도 전에 패배를 예감할 수 있을 정도였다. 하지만 그는 변명하지 않고 모든 것을 자신의 책임으로 돌렸다.

대부분의 사람들은 실패를 겪으면 자신의 탓이 아니라는 변명부터 찾는다. 그리고는 자신의 실패를 합리화하면서 스스로 위안삼는다. 그러나 워싱턴은 달랐다. 냉정하게 실패를 인정하고 오히려 전장에서 끈덕지게 자신을 괴롭혔던 인디언들의 싸움 방식을 연구했다.

워싱턴은 그때 배웠던 인디언의 전술을 나중에 영국과의 독립전쟁 때 요긴하게 써먹었다. 반면에 워싱턴의 인디언식 싸움에 곤혹을 치렀던 영국은 실패로부터 배우지 못했고 계속 자신의 방식을 고집하다가 대패를 당하고 만다.

젊은 나이에 창업과 같은 도전을 할 때는 성공에 대한 확신 못지않게 실패를 덤덤하게 받아들여야 한다. 그리고 모든 실수와 오류로부터 교훈을 찾을 수만 있다면 실패는 한순간에 불과하다.

실수야말로 올바른 피드백이다

상봉역 매장에서 장사를 하고 있을 무렵이었다. 이때는 갖고 있던 빚도 거의 다 갚았던 시기라서 새롭게 출발한다는 마음으로 열심히 돈을 벌던 시절이었다. 그래서 거의 무일푼으로 일을 도와주던 친구들에게도 수당을 줄 수 있을 정도로 재정적으로 안정이 되어 행복하고 마음 편하게 장사를 했다. '인생의 내리막이 있으면 오르막도 있구나' 하는 생각에, 지난 몇 달 간의 시간에 대한 보상이라도 하듯, 한 달에 1억 가까이 매출을 올리는 등 신나는 시간들이 계속 되었다.

그러나 자리를 비워 줘야 하는 시간이 점점 다가오자 마음이 초조해졌다. 그러던 와중에 상봉역 자리를 제공해준 분이 나를 불렀다. 그분이 "코엑스에서 장사를 해보지 않겠냐?"고 제안했다. 예전에도 노점상을 잠시 했던 곳이라 그곳이 명당이란 것을 잘 알고 있던 나는 상당히 구미가 당길 수밖에 없었다. 그러나 문제는 그곳에서 장사할 밑천이 없었다. 상봉역 매장에서 번 돈을 그동안 고생했던 친구들에게 나눠 주는 바람에 새 매장의 자릿세, 그것도 노른자로 불리는 곳의 비싼 자릿세를 감당할 처지가 못 됐다.

"사장님, 말씀은 고맙지만 제가 사정이 여의치 않아서 조금 힘들 것 같습니다."

"하하, 네가 언제 돈이 있어서 장사를 했냐?"

그동안 몇 번 외상으로 물건을 받아 무일푼으로 장사를 시작한 전력을 잘 알고 있던 그분은 이미 짐작하고 있었다는 듯 외상으로 매장을 주겠다고 했다. 그렇게 해서 코엑스몰의 지하 1층에 월세가 천이

백만 원에 달하는 조그만 액세서리 매장을 임대해 장사를 시작했다.

이때도 천 원짜리 핸드폰 줄을 팔았는데, 하루에 백만 원, 주말이나 공휴일에는 이백만 원씩 매출을 올렸으니 말 그대로 사람에 치여 몸살이 날 정도로 장사가 잘됐다. 덕분에 친구들에게 계속 수당을 줄 수 있었고, 남은 빚마저 깨끗하게 청산할 수 있었다.

노점이 아니라 처음으로 매장 사업을 길동역에서 시작할 때만 하더라도 그저 밥값 정도 벌던 수준이었다. 그리고 욕심이 생겨 사업을 확장하였지만 한순간에 천만 원이나 되는 빚에 허덕였던 것이 엊그제 같았다. 그런데 상봉역에 이어 코엑스까지 좋은 일이 다시 생기는 것을 보면 사람 일은 알 수가 없다는 말이 딱 와 닿는다.

천만 원의 빚과 길거리 노숙으로 고생했던 노점 시절의 역경에 굴복했더라면 이런 회상은 아예 불가능했을 것이다. 실패했다는 이유로 무릎을 꿇지 않았고, 실패로부터 배움의 열의를 갖지 않았더라면 또 다른 도전을 생각하지도 못하고 방황하는 젊은 청춘이 됐을 것이다.

신에 대한 믿음이 독실했던 한 신자가 '왜 신은 자신에게 말을 걸지 않을까?' 하고 한탄하자 친구가 조용히 이렇게 말했다고 한다.

"신은 분명 자네와 소통을 하고 있어. 자네가 저지르는 실수를 통해서 말이야."

한때의 실수는 이렇게 나 자신이 어떻게 하고 있는지를 비춰 주는 일종의 피드백이다. 실수하면 자책과 함께 반성하게 된다. 그리고 두 번 다시 같은 실수를 하지 않으려고 되새긴다. 그러나 성공은 대개 웃고 떠들며 축하를 하는 것으로 끝나기 마련이다.

실수 그 자체를 한탄할 필요는 없다. 승자일수록 패자보다 더 많은 실수를 저지르는 법이다. 그러나 이런 승자의 실수야말로 이기는 비결이 아닐까? 계속 도전할 수 있도록 냉정하게 자신을 돌아보게 하는 것보다 확실한 자아성찰은 없다.

패자들은 흔히 실수를 치명적이고 감추고 싶은 사건으로만 치부한다. 그래서 실수에 깃든 좋은 면을 인정할 수도, 볼 수도 없는 것이다. 실수는 기꺼이 환영해야 하는 가르침이자 더 나은 미래를 향한 투자다.

에디슨이 전구를 만들려고 그렇게 애를 썼지만 연달아 실패만 하고 있을 때 한 신사가 찾아와 어떤 심정인지 물었다고 한다. 그러자 에디슨은 실패를 한 것이 아니라 오히려 전구가 빛을 내지 않는 수천 가지의 방법을 알아냈다고 느긋하게 대답을 하더라는 것이다. 이처럼 실패와 실수를 바라보는 건강한 태도가 에디슨을 위대한 발명왕으로 만들었다.

괴테의 "중요한 것은 우리가 지금 어디에 있느냐 보다는 어디를 향하고 있느냐다"라는 말을 표본 삼아보라. 늘 시선을 미래에 두고 실패를 극복의 지렛대로, 성공은 동기부여의 재료로 여겨 늘 멈추지 않고 나아가야 한다.

지금도 나는 장기적인 관점에서 '영업 교육과 컨설팅을 위한 회사를 제대로 성장시켜야 한다'는 생각이다. 그 과정이 순탄한 것만은 아니다. B2C 교육을 위주로 하는 회사를 만들고자 교육 커리큘럼을 만들고 있는 과정이기 때문에 본격적인 매출이 크게 발생하고 있지는 않다. 이런 상황이 계속 되면 당연히 어려움에 처할 것이다. 이런 상황이 계속되면 또 다시 실패를 맛보지 않을까 불안해지기도 한다. 그러나 철저하게 계획하고 체계적으로 준비하며 예측한대로 진행되고 있는가를 거듭 체크한다. 그동안 있었던 실수를 곱씹으며 노력하고 있다.

성공의 비결은 실패를 두 배로 더 하는 것이다

제2차 세계대전이 한창일 때였다. 독일군은 런던에 어마어마한 폭탄을 투하해 영국을 비롯한 연합군의 기세를 꺾어 버리겠다는 심산으로 로켓 제조 실험에 박차를 가하고 있었다. 이 실험을 맡고 있던 사람은 베르너 폰 브라운 박사이다. 그는 나중에 전쟁이 끝난 뒤에 미국의 우주개발에 앞장 선 인물이다.

로켓 제조는 독일의 전쟁지도부가 기대했던 만큼 성과가 나오지 않고 이미 6만 5천 번이나 실패를 거듭하고 있었다. 참다못한 상관이 박사를 불렀다.

"대체 몇 번이나 더 실패를 해야겠소?"

"글쎄요, 아직도 5천 번, 아니 그 이상 실패해야 성공할 수 있을 것 같습니다."

실패를 수천 번 더 해야 한다는 말에 상관은 기겁했다. 그러나 박사는 이에 아랑곳하지 않고 계속 말을 이어갔다.

어찌 보면 지나치게 낙관적인 생각이라 할 수 있지만, 브라운 박사는 성공을 하기 위해서는 반드시 실패의 과정을 거쳐야 한다는 것을 잘 알고 있었던 것이다. 결국 전쟁 후반부에 런던은 독일이 만들어낸 V2로켓의 폭격 공포를 맛보아만 했다.

브라운의 박사의 실패에 대한 견해처럼 실수와 실패는 성공하기 위한 일종의 관문이다. 이 문을 지나지 않고서는 성공에 이를 수 없다. 나 또한 무수한 실수와 실패를 맛봤지만 그때마다 교훈으로 삼았기 때문에 지금까지 새로운 도전에 대한 두려움이 없는 것인지도 모른다.

한번은 지하철에서 손수레를 끌고 다니며 판매하는 소위 '지하철 떴다방'을 운영한 적이 있었다. 당시 무일푼이었던 내가 직원들을 채용하고, 외상으로 물건을 공급했기 때문에 아슬아슬한 줄타기와 같은 사업이었다.

다행히도 지하철에서의 판매 사업은 호조를 보였다. 그래서 계속 물건의 주문을 늘렸는데, 때마침 모조품에 대한 단속으로 외국 물건의 수입이 도통 되지 않았다. 내가 취급하던 물건은 모조품이 아니었음에도 불구하고 덤으로 발이 묶여 버린 것이다.

물건이 정상적으로 들어올 때까지 공백을 메우려고 이것저것 돈이 된다고 생각하는 물건들을 끌어 모았다. 하지만 마구 끌어 모은 물건들은 그다지 반응이 좋지 않았고 그동안 벌어 놓았던 돈마저 까먹고 말았다.

잔뜩 쌓인 물건의 재고를 보면서 한숨만 나왔지만 당장의 성과가 좋지 않다고 해서 조급해 해서는 안 된다는 것을 뼈저리게 느꼈다. 그리고 아무리 급한 상황이라 해도 시장조사를 철저히 하고 적절하게 재고를 관리해야만 리스크가 발생했을 때 대처할 수 있다는 것을 배웠다.

이 또한 사업을 하면서 혼자 독학한 노하우다. 웬만한 경영 관련서적을 보면 다 나오는 사업의 ABC와 같은 말이지만 나로서는 실패를 통해 배웠던 것이기에 더욱 실감나는 생존의 지침이 되었다.

이러한 실패의 관문은 이후에도 계속 나타났다. 그리고 그때마다 나는 나름대로의 대가를 치르고 그 문을 통과했다. '지하철 떴다방 사업'이 안 풀릴 무렵에 나는 고객관리 프로그램을 판매하는 업체로부터 판매대행을 맡게 되었다.

이 업체의 대표는 30대의 젊은 사장인데 일찍 창업하여 열심히 사업하는 분이었다. 이분과는 예전 크리스천 비즈니스모임에서 만나서 알고 지냈다. 당연히 이분에게도 나름대로 노력과 정성을 꾸준히 연락했다. 가뜩이나 모임에서 인상적인 자기소개를 한 내가 문자, 메일,

편지를 통한 정성어린 연락을 계속하니 나를 불러 판매대행을 제안한 것이다. 그렇지 않아도 '지하철떴다방 사업'이 어려워 직원들도 다 떠나고 혼자서 장돌뱅이처럼 돌아다니며 고군분투를 하고 있던 때라 바로 승낙하고 일을 시작했다. 그러나 당시 무일푼에 가까운 신세가 된 나는 그 회사에 부탁해 별도의 사무실을 구하는 대신, 소회의실을 빌려 판매 거점으로 활용했다.

직원을 한 명 고용해서 열심히 판매를 위해 노력했지만, 당시만 하더라도 고객관리 프로그램이라는 것이 낯설어서인지 뜻대로 실적이 나오지 않았다. 그렇게 두어 달 가량 지나자 갑자기 판매대행을 맡긴 회사의 정책이 바뀌면서 고객관리 프로그램을 무료로 전화해 배포하고, 그 대신 광고 수익을 창출하겠다는 것이었다. 정말 어이가 없었다. 아무리 직원 한 명만 데리고 일을 하더라도 엄연히 총판으로 계약한 것인데, 납득할 수 없었다. 하지만 제대로 대응 한 번 못하고 짐을 싸서 나오고 말았다.

그때까지만 하더라도 거래처와 일을 하면서 구두계약에 가까운 형식으로 관계를 맺었던 것에 익숙했던 나는 계약을 꼼꼼하게 살펴보고 도장을 찍어야 한다는 것을 두고두고 곱씹어 보는 계기가 되었다. 그리고 항상 핵심 경쟁력 확보와 미래에 대한 대비를 철저히 해야만 이처럼 쉽게 계약을 해지 당하지 않고, 위기가 닥쳤을 때 제대로 대처할 수 있는 힘이 생긴다는 것도 함께 깨달았다.

‘지하철 떴다방 사업’과 고객관리 프로그램 판매 영업의 연이은 실패는 그 후 사업하면서 놓치지 말아야 할 중요한 원칙을 일깨워 주었다. 그리고 그 원칙은 단지 사업하면서 필요한 기법에 국한된 것이 아니다.

IBM을 설립한 토마스 제이 왓슨이 “성공하는 비결을 실패율을 두 배로 높이는 것이다”라고 한 것처럼, 실패야말로 성공을 위한 불쏘시개와 같이 때문에 좌절이 아니라 학습의 기회로 삼아야 한다는 것을 새삼 깨달았다.

이제는 이런 실패를 밑거름 삼아 나만의 노하우와 성공 비결을 나누고자 한다. 유능한 영업인을 배출하기 위한 교육과정 개선과 고용보험환급과정으로 영상교육임대 사업, 이미 준비 중인 세일즈 컨설팅과 교육 사업 등이 바로 나눔의 프로젝트다. 또한 부천에서 중소기업들이 판로개척을 도와주는 영업인을 양성한다는 취지로 추진 중인 ‘세일즈시티’라는 프로젝트에 참여할 예정이다. 그리고 슈퍼마켓 협동조합에서 영세 슈퍼마켓의 개선을 위한 경영자 교육과 꾸준히 매장 관리를 할 매니저 교육 및 양성 사업도 추진 중이다. 이 모든 사업의 공통점은 지금까지 제품을 팔던 방식의 비즈니스에서 내가 겪은 실패와 이를 통한 학습을 다른 사람들도 활용할 수 있다는 것이다.

• 100점짜리 인생을 만드는 법 •

내 인생을 점수로 매길 수 있다면 과연 몇 점일까? 만족스러운 점수보다 다소 모자란 점수를 주는 사람들이 많을 것이다. 그렇지만 지금의 인생이 마음에 안 들수록 앞으로의 인생은 만점받고 싶은 것이 사람의 심리다.

그렇다면 100점짜리 인생은 어떻게 만드는 것일까? 진대제 전 장관은 100점을 매길 수 있는 인생을 영어 알파벳으로 표현할 수 있다고 했다. 먼저 알파벳 A부터 Z까지 24자에 각각 1점에서 24점으로 점수를 부여한다.

이렇게 알파벳으로 점수를 매기는 공식을 말한 후 장관은 사람들에게 물었다.

"100점짜리 인생을 만들기 위해서는 열심히 일하면 될까요?"

그리고 계산을 했다.

'열심히 일하기Hard work = 98점8+1+18+4+23+15+18+11'

계산을 해보니 일만 열심히 한다고 해서 100점이 되는 것은 아니었다. 그렇다면 지식은? 이 또한 '지식Knowledge = 96점'이었다. 행운Lucky은 47점, 돈Money은 89점, 통솔력Leadership은 89점이었다.

도대체 100점을 뜻하는 인생은 무엇일까? 그건 바로 '마음먹기Attitude'다. 인생은 마음먹기에 따라 100점이 될 수 있다는 것이다. 아무리 어려운 악조건이나 불리한 상황에서도 마음먹기에 따라 충분히 상황을 극복할 수 있고, 성공마저도 쟁취할 수 있다.

이순신이 단 12척의 배로 왜군을 상대하며 대첩을 이룬 것이나, 엄동설한에 독일군에 포위되어 보급도 못 받는 상황인데도 항복을 권유하는 적에게 "말도 안 되는 소리^{Nuts!}"라고 거부하고 끝내 역전의 승리를 이끌어 낸 미군이나 마음먹기에 따라 얼마든지 결과가 달라진다는 것을 잘 보여준다.

가진 것이 별로 없고 자신을 둘러싼 환경이 최악이라도 좌절할 이유는 못 된다. 어쩌면 핑계에 불과할 수 있다. 능력이 모자라면 키우려고 노력하고, 환경이 좋지 않으면 스스로 환경을 바꾸려고 해야 한다. 결국 성공은 마음먹기에 달려 있다.

꿈을 이루려면 인생 목표를 세우고 행동하라

지난 해 겨울, 모 기업에서 영업인들을 대상으로 강연했을 때의 일이다. 강연을 들으러 온 영업인 중 낯이 익은 얼굴이 있었다. 2004년 내가 부산에서 휴대폰 영업을 할 당시 나의 상사로 근무하셨던 분이었다. 그 분도 나를 알아보셨는지 강연이 끝나자 나를 찾아오셨다. 그리고 이렇게 물으셨다.

"현수야, 너 아직도 아침마다 뭔가 종이에 적니?"

당시 나는 매일 아침, 목표와 그 목표를 이루기 위한 세부 계획, 계획을 이루기 위한 구체적인 아이디어를 적어 내려가며 의지를 다지는 시간을 가졌다. 그 모습이 상사에게는 인상 깊었던 모양이다. 지금은 종이가 아닌 피씨에 꾸준히 작성하고 있다고 대답해 드렸다.

"그 당시에 나는 네가 허무맹랑한 꿈을 꾸고 있다고 생각했어. 당시의 너를 봤을 때는 누구라도 그렇게 생각했을 거야. 그런데 지금 와서 보니 그건 남들 눈에나 그렇게 보였던 거지 너에게는 이미 목표고 계획이었던 거였어.

넌 지금도 또 다른 꿈을 꾸고 있겠지. 남들은 허무맹랑하다고 생각할 수도 있는 그런 꿈 말이야. 그리고 남들이 비웃는 사이 너는 그 꿈을 현실로 만들 거야. 그 당시 널 얕잡아 봤던 내가 너무나 부끄럽다.”

10년 전, 나보다 높은 지위에 있었던 분과 내가 10년이 흐른 뒤 강사와 수강생의 입장으로 다시 만난 이유가 뭘까? 나는 단언코 ‘꿈이 있는 사람과 없는 사람의 차이’라고 생각한다.

현실적으로 실현 가능한 목표는 한계가 있다. 지금 당장은 불가능해 보이지만, 방법을 모색하고 노력하다 보면 달성할 수 있을 것 같기도 한 그런 목표만이 진정으로 나를 성장시킬 수 있다.

나는 2003년에 이미 ‘세계에서 가장 존경받는 세일즈 멘토가 되겠다’는 꿈을 갖고 전반부와 후반부 계획을 수립했다. 전반부 계획은 한국을 대표하는 영업의 신으로서의 브랜드를 만들고 실력을 함양하는 것이었고, 후반부 계획은 전반부 목표의 실현을 바탕으로 인생 목표를 이루는 것이었다.

5년간의 치열한 영업 현장 경험과 다양한 독서, 교육, 세미나 등을 통해 익힌 영업 이론을 토대로 ‘심현수식 세일즈 비법’을 정립하고 2008년, 한국 영업인 협회를 설립함으로써 나는 전반부 목표를 성공적으로 달성해냈으며 이에 안주하지 않고 후반부 목표 달성을 위해

2017년까지 이루어 낼 5단계 계획을 수립했다.

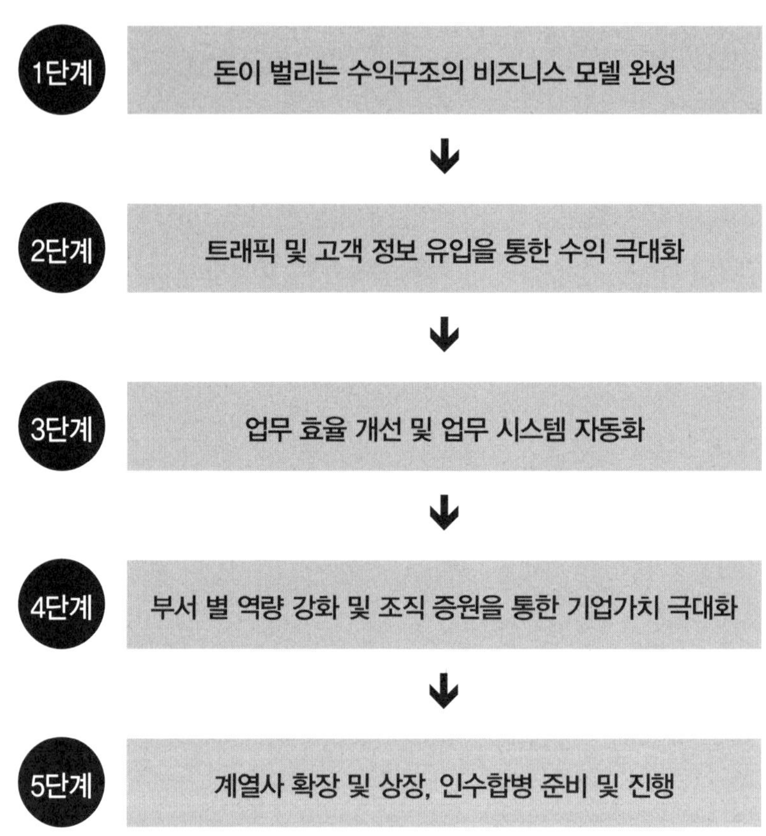

좌충우돌하며 난관에 부딪힌 적도 여러 번이지만 명확한 목표를 가지고 전진한 결과 현재 나는 3단계에서 4단계로 넘어가는 과정

에 놓여 있다. 이런 나의 인생 목표를 통해 한 단계 더 성장할 것을 믿는다.

아래는 향후 4단계와 5단계를 완성해 나갈 나의 인생 목표와 단계별 세부 목표이다.

| **나의 인생 목표** |

- 세계에서 가장 존경받는 세일즈 멘토 심현수, 국제 영업인 협회 총재, 천 억을 출연하여 재단 설립 후 공익사업 진행, 영업의 전당 설립

— **2017년**5단계 말 – 그룹 안정

- 지주회사 및 10개 계열사
- 학원사업, 지회조직사업, 방송국, 신문사, 출판사, 평생교육원, 국책사업, 사관학교, 특판 조직, 영업이러닝플랫폼

— **2016년**5단계 초 – 계열사 확장

- 조직 확장 10개 계열사 설립
- 학원사업, 지회조직사업, 방송국, 신문사, 출판사, 평생교육원, 국책사업, 사관학교, 특판 조직, 영업이러닝플랫폼

※지주회사 목표

- 영업조직 1000명

- 닥터조직 200명

- 마케팅조직 100명

- 기타조직 50명

— **2015년**4단계 말 – 지주회사 조직안정

- 영업조직 500명

- 닥터조직 100명

- 마케팅조직 70명

- 기타조직 30명

— **2014년**4단계 초 – 조직세팅

- 영업조직 50명

- 닥터조직 10명

- 마케팅조직 20명

- 기타조직 5명

- ㈜심현수 컨설팅 그룹 지주회사로 준비

　당신은 인생의 목표를 갖고 있는가? 그 목표를 이루기 위해 행동
하고 있는가? 이 책을 읽는 여러분도 여러분만의 인생 목표를 세우
고 행동하기 바란다.

세상에 나의 꿈을 소리치다

1판 1쇄 펴낸날 2014년 4월 26일

지은이 심현수
펴낸이 나성원
펴낸곳 나비의활주로
주소 서울시 강북구 삼양로 85길, 36
전화 070-7643-7272
팩스 02-6499-0595
전자우편 udeng7076@naver.com
출판등록 2010년 9월 16일 (제2010-000138호)

ISBN 978-89-97234-21-9 13320

- 잘못된 책은 바꿔 드립니다.
- 책값은 뒤표지에 있습니다.